Trinkerfürsorge
Polizei und Staatsanwalt

Von
Sanitätsrat Dr. P. Hesse
Leitendem Arzt der Auskunfts- und
fürsorgestellen für Alkoholkranke

Springer-Verlag Berlin Heidelberg GmbH 1917

ISBN 978-3-662-31828-7   ISBN 978-3-662-32654-1 (eBook)
DOI 10.1007/978-3-662-32654-1

Inhalts-Verzeichnis.

1. Einleitung . . . . Seite 3
2. Polizei, Staatsanwalt . . . . „ 5
2a. Verfügung des Polizei-Präsidenten . . . . „ 9
2b. Verfügung des Oberstaatsanwalts . . . . „ 14
3. Fürsorger, Fürsorgeschwester . . . . „ 17
4. Schwierigkeiten . . . . „ 28
5. Anhang: Mitglieder-Verzeichnis des Zentral-Komitees der Auskunfts- und Fürsorgestellen für Lungenkranke, Alkoholkranke und Krebskranke in Berlin, e. V. „ 33

1. Einleitung.

Der Weltkrieg, welcher jetzt im 26. Monat alles Denken und Tun unseres deutschen Volkes beherrscht, hat so manche ernste und schöne Aufgaben der Friedenszeit in den Hintergrund gedrängt. Die Bekämpfung der Volkskrankheiten, auch eine solche dringende und hehre Aufgabe, drohte im ersten Augenblick gleichfalls als für den deutschen Daseinskampf nicht unbedingt erforderlich bei Seite geschoben zu werden. Doch zum Glück schnell kam die Besinnung. Man erkannte, daß sowohl unsere militärische Leistungsfähigkeit, die auf das Höchste angespannt werden mußte, als das Fortbestehen unseres Staatswesens von der Gesunderhaltung und der Aufbesserung des Gesundheitszustandes unseres Volkes unmittelbar abhing. Alsbald wurde der schöne Fortschritte verheißende Kampf gegen die Volkskrankheiten überall in unserem Vaterlande wieder aufgenommen oder fortgeführt. Tuberkulose, Alkoholismus, Krebskrankheiten, Geschlechtskrankheiten waren das Viereck, dem der Angriff galt. Die Auskunfts- und Fürsorgestellen, im Kampf gegen Tuberkulose, Alkoholismus und Krebs seit langen Jahren die vorderste Gefechtsfront darstellend, schärften tunlichst ihre Waffen und gingen in ihrer in der früheren Friedenszeit erprobten und bewährten Weise vor. Die von Pütter geleiteten Berliner Stellen haben trotz mancher zumal durch den Krieg sich entgegenstellenden Schwierigkeiten mit in der vordersten Linie gestanden. Ihre Kriegs-Jahresberichte von 1914 und 1915 gaben eine kurze Schilderung ihres Vorgehens und ihrer Erfolge wie auf den anderen so auch auf dem Gebiete der Bekämpfung der Alkoholsucht. In diesen konnten selbstverständlich einzelne Punkte, auch wenn sie von hervorragender Wichtigkeit waren, nicht mit der wünschenswerten Ausführlichkeit behandelt werden. Dazu fehlte es schon an Raum. Hier möchten die folgenden Zeilen nachgreifen.

Das Zusammenarbeiten der Auskunfts- und Fürsorgestellen für Alkoholkranke mit der Polizei und dem Staatsanwalt ist von Anfang an auf beiden oder vielmehr den drei Seiten als eine Notwendigkeit mit Recht erkannt worden. Wir unsererseits haben es an Schritten, um diese Verbindung zwischen ihnen und uns zu unterhalten, nicht fehlen lassen. Nicht als ob wir unsere Stellen als eine Einrichtung der Polizei oder des Staatsanwalts hätten arbeiten lassen wollen. Das lag allen Beteiligten völlig fern. Schon um das so wankelmütige und schwache Vertrauen unserer Trinker nicht einzubüßen, sondern es vielmehr zu stärken, und dadurch besser und wirkungsvoller an sie heranzukommen, müssen wir jeden Schein, als ob wir eine polizeiliche Einrichtung seien, vermeiden. Unsere Absichten, die Bekämpfung der Alkoholsucht als Volkskrankheit, bewahren uns vor einseitiger Festlegung. Aber gerade auch diese unsere Absichten verpflichten uns, die Mitwirkung der Polizei und des Staatsanwalts als Bundesgenossen im Kampfe nicht auszuschalten, sondern wo es Not ist, Hand in Hand mit diesen Behörden vorzugehen. Diese Gemeinschaftlichkeit der Arbeit ist neuerdings wieder zu einem Ergebnis gekommen, welches für den weiteren Kampf gegen die Trunksucht gute Aussichten bietet. Hierüber handelt der erste Teil.

Der zweite beschäftigt sich mit der Tätigkeit unseres Fürsorgers, einer bei uns erst seit 5/4 Jahren ins Leben gerufenen Einrichtung, deren Nützlichkeit sich uns in dieser Zeit voll erwiesen hat. Die vielseitigen Aufgaben dieses Fürsorgers in der Großstadt Berlin zum ersten Male ausführlicher zu schildern, schien zweckmäßig. Ebenso diejenigen unserer Fürsorgeschwestern, deren segensreiche Tätigkeit in der Fürsorge für die Alkoholiker und ihre Familien allmählich zwar in weite Kreise gedrungen ist, andererseits doch immer noch hie und da Mißverständnissen unterliegt, die zu klären geboten erschien im Hinblick auf die wünschenswerte vermehrte Einstellung dieser Schwestern überall in den Dienst auch der Alkoholikerfürsorge, wie sie seit Jahren in dem der Lungenkrankenfürsorge als unentbehrlich sich eingebürgert haben.

Ein dritter Teil schildert einige der Schwierigkeiten, die uns in unserer an sich nicht leichten Arbeit an den Alkoholikern entgegengetreten sind. Die kurze Schilderung möge dazu dienen, neue Fragen in der Oeffentlichkeit aufzuwerfen und Lösungen zu bringen, die dem Erfolge des Kampfes gegen die Trunksucht als Volkskrankheit förderlich sind.

Ein wohlverdienter Dank zum Schluß dem Vorsitzenden unserer Auskunfts- und Fürsorgestellen, Herrn Geheimrat Pütter, für seine meisterhaften Ratschläge, sowie meinem Mitarbeiter Herrn Beirat Abrahms für seine Unterstützung bei der Ausarbeitung dieser Zeilen.

Im September 1916.

2. Polizei, Staatsanwalt.

Ein großer, vom Reich unterstützter, über das Deutsche Reich sich erstreckender Verein, der **„Deutsche Verein gegen den Mißbrauch geistiger Getränke"** wirkt mit seinen vielen Verzweigungen in Provinz, Bezirk und Gemeinde gegen eine Unsitte, die schon sein Name treffend bezeichnet: Er bemüht sich, unser Volk zur Mäßigkeit im Alkoholgenuß zu erziehen, zum Ernstmachen mit dem so dehnbaren Begriff einer Mäßigkeit, die übel verstanden sich mit den Meinungen der Unmäßigen deckt. Der Verein sucht seiner Aufgabe auf mancherlei Weise zu genügen und benutzt hierzu Veröffentlichungen, Vorträge, Ausstellungen und Jahresversammlungen großen und beschränkteren Stiles; er stellt Anträge an Behörden, sowohl an die hohen und umfassenden wie an untergeordnete. Mit allen seinen mannigfachen Schritten wendet er sich an das Volk oder an Gruppen desselben und will durch sie auch den Einzelnen, auf den es ankommt, erfassen, ihn zur weisen Stellungnahme zu dem Volksverführer Alkohol bewegen.

Von der entgegengesetzten Richtung gehen die **„Auskunfts= und Fürsorgestellen für Alkoholkranke"** aus. Es braucht nicht ausdrücklich hervorgehoben zu werden, daß sie Hand in Hand mit obigem Verein marschieren. Aber ihr Angriff ist andersartig: sie wenden sich in erster Linie und vorwiegend an den Einzelnen, den Trunksüchtigen selbst, sie suchen ihn zur dauernden Ernüchterung zu bringen, ihn wieder arbeitsam zu machen, seiner Familie das verlorene Gleichgewicht wieder zu verschaffen, ihn selber und die menschliche Gesellschaft vor seinen Ausschreitungen zu bewahren. Der bald ersichtliche Nutzen solcher Fürsorgestellen, als deren erste und größte die Berliner unter der Leitung ihres Vorsitzenden, Geheimrats Pütter, mit einem Beispiel gebenden und überall mehr oder weniger nachgeahmten Ausbau auf den Plan traten, zeitigte ihre schnelle Vermehrung, weit und breit in Groß= und Kleinstadt, so daß heute etwa 200 derartige Fürsorgestellen im Deutschen Reiche arbeiten, und selbst der Krieg die wenn auch durch ihn erschwerte Fortführung dieser Arbeit unabweisbar erscheinen ließ.

Die Grundlage dieser Tätigkeit ist — wohlverstanden — eine medizinische, ärztliche. Der Alkohol ist in gewisser Menge genossen ein Gift, ähnlich wie z. B. das Morphium, das Cocain. Seine Wirkungen sind wie die dieser Stoffe Giftwirkungen. Der Arzt ist daher, wie bei der Morphium= oder Cocainsucht so bei der Alkoholsucht, der gegebene Berater. Die ärztliche Untersuchung des Kranken und wo diese nicht alsbald statthaben kann, des Arztes Kenntnis der Krankheitserscheinungen sind die Vorbedingung eines rechten Handels.

Diese Krankheitserscheinungen der Alkoholsucht in ihrer Gesamtheit sind für den Arzt unverkennbare. Eine derselben und zwar diejenige, mit welcher uns diese Abhandlung hier beschäftigen soll, ist das, wie man bis unlängst sich ausdrückte, unsoziale (zu deutsch vielleicht „unbürgerliche") Wesen der meisten Trunksüchtigen. Man versteht hierunter seine üble Eigenschaft, die ihm wie jedem Menschen im Verkehr mit seinen Mitmenschen gezogenen Grenzen derartig zu überschreiten, daß gute Gewohnheit und Sitte oder Gesetz an seinem Handeln Anstoß nehmen. Sowohl der Gelegenheits= wie der Gewohnheitstrinker treten lediglich infolge der Giftwirkung des genossenen Alkohols aus den dem einwandsfreien Verkehr gezogenen Schranken heraus. Der engste der dem Menschen gezogenen Umgangskreise ist seine Familie. In ihr findet der Trinker den ihm am nächsten liegenden Gegenstand seiner Angriffe. Rohheiten und Mishandlung von Frau und Kind in Worten und Tätlichkeiten sind daher die am häufigsten zu beobachtenden Ausbrüche der Trinker. Sie zeichnen sich nicht selten durch eine besondere Grenzenlosigkeit und Gemeinheit aus. Und wenn der Angriff nicht die Personen trifft, so wirft er sich auf das gemeinschaftliche Eigentum, auf Gegenstände der Wohnungs= einrichtung u. dergl. Der weitere Kreis ist das von dem Trinker bewohnte Haus. Auch hier gelten seine Anläufe das eine Mal den Personen, den Nachbarn, mit Geschimpf, Drohungen, Handgreiflichkeiten, das andere Mal den Gegenständen, wie Türen, Türfüllungen, den nachbarlichen Wohnräumen usw. Schließlich bleiben selbstverständlich auch die weiteren und entfernteren Kreise, mit denen der Trinker außerhalb seines Hauses in Berührung kommen kann, von ihm nicht verschont. Gesetzesüberschreitungen mannigfachster Art sind die Folge. Um aus ihnen nur die gewichtigeren herauszunehmen nennen wir als Alkoholwirkungen Mord, Totschlag, schwere Körperverletzungen, Widerstand gegen die Staatsgewalt, Hausfriedensbruch, Notzucht, sonstige Sittlichkeitsvergehen. Indeß nicht allein die strafwürdigen Aufführungen des Trinkers, nein auch seine Unterlassungen von Pflichten, welche dem Menschen im Verkehr mit seinem Nächsten obliegen, bringen ihn mit guter Sitte und Gesetz in Reibung. So ist eine seiner häufigsten Versäumnisse die Pflicht des Unterhalts der Seinen. Wo die Kehle jeden vorhandenen Groschen in Alkohol umgesetzt verschlucken muß, bleibt nichts oder besten Falles nicht genug übrig für die Daseinserfordernisse der Angehörigen. Ob sie darben, ist dem nur seiner Leidenschaft die Kosten gönnenden Trinker gleich= giltig. Doch auch hier stellt das Gesetz Ansprüche an den zum Unterhalt seiner Angehörigen Verpflichteten. Da diesen der Trinker nicht genügt, so ist die Gesetzesüberschreitung gegeben.

Die verordneten Hüter des Gesetzes sind die Polizei und der Staats= anwalt. Mit ihnen kommt daher der Trinker aus mannigfachen Gründen oft in nähere Berührung. Es gibt Gewohnheitstrinker, deren Untaten große Aktenstöße bei diesen Behörden füllen. In jedem Falle werden die Ueber= tretungen, die der Trinker sich zu Schulden kommen läßt, schriftlich nieder= gelegt. Trinkerakten sind ein großer, wenn nicht der größte Teil der Akten dieser Behörden.

Trinkerakten sind nun aber auch der schriftliche Ausdruck des gesamten Verkehrs der Auskunfts= und Fürsorgestellen für Alkoholkranke mit den letzteren und ihren Familien. Welcherlei Aeußerungen sind denn in diesen Akten ent= halten? Das Hauptblatt, der Fürsorgebogen, gibt eine kurze aber erschöpfende

Uebersicht über alle den Trinker als solchen und seine Familie betreffenden Fragen, und zwar unter anderem nach Angabe der Nummer und des Tages der Aufnahme die Personalien, die wirtschaftliche Lage in mannigfacher Hinsicht, die vorgängige Krankheitsgeschichte, soweit sie mit der Alkoholsucht irgendwie in Verbindung steht, den ärztlichen Befund an den verschiedenen Körperteilen und besonders den der Gehirntätigkeit, die Krankheitsbezeichnung und schließlich die hauptsächlich in Betracht kommenden Maßnahmen. Jeder Besuch der Sprechstunden seitens des Trinkers oder seiner Ehefrau, des Vormundes oder sonst einer mit dem Trinker in Beziehung stehenden Person wird mit Tagesangabe in den Akten niedergelegt; ebenso der Inhalt der Unterhaltung mit dem Arzt, das Ergebnis der ärztlichen Untersuchung, und fortlaufend die Zeitpunkte, an welchen die Akten zur weiteren Bearbeitung jedesmal wieder vorzulegen sind. Derselbe Kalendertag erhält im Fürsorgekalender den Namen des Trinkers. Jeder in Bearbeitung befindliche Trinker — z. Zt. ungefähr 1800 — hat seinen Namen im Kalender an einem bestimmten Tage verzeichnet. Ferner werden den Akten beigefügt die Schreiben des Einwohner=Meldeamts über stattgehabten Wohnungswechsel. Diese Zettel sind, da Niemand so häufig als Trinker ihre Wohnung freiwillig oder schubweise aufgeben, ein wohl in jedem Aktenstück, in manchem zu Dutzenden vorkommender Beleg. Die Familie jedes verheirateten und meist auch des ledigen in der Familie wohnenden Trinkers werden von der zuständigen Bezirks=Fürsorgeschwester und zwar in der Regel in bestimmten Zwischenräumen immer wieder besucht, und die Schwester berichtet auf gelbem Zettel über ihre Beobachtungen, Wünsche und Maßnahmen. Auch diese Zettel gehen zu dem betreffenden Aktenstück. Der Fürsorger besucht gleichfalls in der Regel in bestimmten Zwischenräumen den Trinker und berichtet über ihn. Der Bericht wird dem Aktenstück einverleibt. Dasselbe geschieht mit den Kundgebungen unseres sachverständigen Beirats, der Behörden, wie Polizei=Präsident, Gericht, Vormundschaftsgericht, Armen=Direktion, Magistrat, vorgesetzte Behörde — kurz mit jeder uns zugehenden schriftlichen, den Trinker betreffenden Aeußerung. Der Name des Trinkers wird auf dem Aktenschwanz vermerkt, und das Aktenstück alphabetisch dem Schranke eingereiht, so daß es jederzeit sofort und leicht hervorzuholen ist.

Es ist begreiflich, daß so ein Aktenstück oft die wertvollsten Angaben bietet zur Beurteilung des Trinkers in gesundheitlicher Beziehung, Führung, Arbeit um ihn, in Besserungs=, Eindämmungsversuchen und Aufwendungen für ihn, und daß es vielfach Schlüsse ziehen läßt, welche weiteren Schritte in der genannten Hinsicht noch Aussicht bieten und welche zwecklos oder welche im Hinblick auf die persönliche Sicherheit des Trinkers oder den Schutz der Gesellschaft richtig erscheinen. Insbesondere auch liefert es für das sachverständige Urteil, ob der Trinker gemeingefährlich sei, die wichtigsten Anhaltspunkte. Zwar sind wir der Meinung, daß ein ausgesprochener schwerer Trinker in der Regel — von wenigen Ausnahmen abgesehen — als gemeingefährlich zu begutachten ist, und daß an dieser Auffassung seines Geisteszustandes seine etwa augenblicklich festgestellte Zahmheit nichts ändert, da der nächste Augenblick die Trinkerstimmung umschlagen lassen kann, und die nächste Alkoholaufnahme die Wildheit wieder zum Ausbruch kommen lassen wird. Aber vorhandene zuverlässige frühere Feststellungen werden dem amtlichen Gutachter den Rücken stärken und ihn auch bei zur

Zeit der Untersuchung sich nicht äußernden schlagenden Beweisen die vorliegende Gemeingefährlichkeit aussprechen lassen.

Es bedarf nicht der weiteren Ausführung, daß der Polizei an der Einsichtnahme unserer Aktenstücke unter Umständen gelegen sein muß, und daß dies um so mehr und um so häufiger der Fall sein wird, je öfter sie Gelegenheit hat, sich von dem Nutzen zu überzeugen, welchen ihr die Kenntnis unserer Akten für die Beurteilung des von ihr zu behandelnden Trinkers verschafft.

Andererseits ist auch den Fürsorgestellen an einem Hand= in Handgehen mit der Polizei in vielen in ihrer Bearbeitung befindlichen Fällen gelegen. Eine ganze Reihe ihrer Trinker erweist sich hin und wider in einem Grade unumgänglich, die Ehefrauen kommen in die Sprechstunden mit ihren beweglichen Klagen über Zertrümmerungs= und Mishandlungs=Auftritte ihrer schwer trunksüchtigen Männer, so daß ein sofortiges Eingreifen der Polizei mit ihrem drohenden Ernst und ihrer nachdrücklichen Wucht unbedingt geboten ist. Wir stellen dann sogleich nach einwandfreier Feststellung bei der Polizei den schleunigen Antrag, den Mann in unauffällige Beobachtung zu nehmen und alle erforderlichen Schritte — Verwarnung, Schutzhaft, kreisärztliche Untersuchung mit Irrenanstaltsüberweisung — zu ergreifen und uns von dem Geschehenen alsbald in Kenntnis zu setzen. Eine kurze Angabe unserer Beobachtungen wird beigefügt. Unsere Akten werden zur Kenntnisnahme zur Verfügung gestellt. Nicht immer klappte das Weitere. Je nach der augenblicklichen Stimmung, in welcher der Trinker von dem ermittelnden Beamten angetroffen wurde, und nach der persönlichen Stellung, die der Beamte zu der Trunksuchtsfrage einnimmt, erfolgte das eine Mal ein abwartendes Verhalten, ein anderes Mal ein kräftiges Zugreifen. Hierzu ist zu bemerken, daß, wie schon oben gesagt, die Trinkerstimmungen überaus wechselnde und unberechenbare sind und zwischen Lammesfrommheit und tierischer Wildheit in wenigen Stunden schwanken können, und daß die behördlichen Anschauungen, besonders der untergeordneten Stellen, in ihrem Wohlwollen für die Neigungen des Trinkers zum Schaden für Gesundheit und Leben der oft schwer gefährdeten Umgebung dieser unzurechnungsfähigen Menschenkinder und zum Schaden ihres eigenen oder fremden Eigentums unseres Erachtens zu weit gehen. Eine den tatsächlichen Verhältnissen mehr Rechnung tragende, einsichtsvollere Haltung manches niederen, vielleicht auch ausnahmsweise manches vorgesetzten Polizeibeamten würde vor allem sicherlich von vorbeugendem und vielleicht auch hier und da von heilendem Nutzen sein.

Wir wollen nicht verfehlen, hervorzuheben, daß durch die seit einem Jahre erfolgte Anstellung unseres Fürsorgers und durch die hierdurch herbeigeführte unmittelbare persönliche Verbindung der Fürsorge mit der Polizei bereits jetzt ein Wandel in der von der Polizei geübten Art des Vorgehens in einigen Fällen von uns beobachtet werden konnte, und daß sicherlich dieser Weg unseren und den Wünschen der unterrichteten Oeffentlichkeit allmählich mehr und mehr zu ihrem Rechte verhelfen wird. Die ungesühnten und ungehemmten, ungeahnt häufigen Wutausbrüche der Trinker, mögen sie in der Familie mit geringeren oder schwereren Folgen oder mögen sie in der Oeffentlichkeit manchmal mit furchtbarem erschütterndem Unglück begleitet sich äußern, sind und bleiben Anklagen und Warnungen für jede Stelle, die sich mit Trunksüchtigen pflichtmäßig zu befassen hat.

Zusammengesetzt läßt sich feststellen, daß Polizei und Fürsorgestellen im Laufe der Jahre zunehmend mehr das Bedürfnis empfunden und betätigt haben, mit einander zum Besten von Trunksüchtigen und ihrer Umgebung zu arbeiten und einander Hilfe zu leisten; weiterhin aber auch, daß dies gemeinsame Handeln noch nicht genügend einheitlich ausgearbeitet und schnell vor sich ging, daß Mittel und Wege zu einem mehr befriedigenden Zusammenwirken gesucht und gefunden werden mußten und noch müssen. Insbesondere ist die Mitwirkung der Polizei erwünscht und erforderlich, wo es sich um die Meldung derjenigen Trinker — genaue Wohnungsangabe — handelt, welche

a) infolge Trunkenheit Ruhestörungen und Menschenansammlungen verursachten,
b) in den Wohnungen skandalieren, so daß Nachbarn und Fremde Anstoß daran nahmen,
c) sinnlos betrunken hilflos auf der Straße liegen blieben und öffentliches Aergernis gaben,
d) im trunkenen Zustande Gewalttätigkeiten gegen Familienangehörige begingen, so daß diese polizeilichen Schutz nachsuchen mußten,
e) im betrunkenen Zustande strafbare Handlungen begingen,
f) nachgewiesener Maßen den größten Teil ihres Arbeitsverdienstes vertrinken und ihre Familien dadurch der Not aussetzen,
g) aus Arbeitsscheu ehrlicher Arbeit aus dem Wege gehen und von ihren Familienangehörigen ganz oder größtenteils sich ernähren lassen.

In diesem Sinne wurde von den Fürsorgestellen am 17. Januar 1916 ein Schreiben an den Herrn Polizei=Präsidenten gerichtet, mit der Bitte um Erteilung einer festen Anweisung in seinem Amtsbereich. Diesem Wunsche wurde bereitwilligst entsprochen und dem Vorsitzenden folgende Antwort erteilt:

Der Polizeipräsident   Berlin C 25, den 26. Mai 1916.
Abteilung IV.

„Auf das gefällige Schreiben vom 17. Januar d. Js. beehre ich mich im Anschluß an die vor einiger Zeit erfolgte Fernsprechmitteilung ergebenst zu erwidern, daß ich die dortigen äußerst dankenswerten Bestrebungen zu unterstützen gern bereit bin, soweit sich dies im Rahmen der gesetzlich festgelegten polizeilichen Zuständigkeit ermöglichen läßt.

Zunächst beabsichtige ich, an die Reviere nach anliegendem Muster eine Anweisung zu erlassen, durch welche sie auf das Vorhandensein und den Zweck der Fürsorgestellen erneut aufmerksam gemacht und zu einer entsprechenden Mitwirkung in den Angelegenheiten der Trinkerfürsorge verpflichtet werden.

Gleichzeitig soll bei der Allgemeinen Sicherheitspolizei, einer Unterabteilung der mir unterstellten Abteilung IV, ein besonderes Dezernat für Trinkerfürsorge eingerichtet werden, welchem eine doppelte Aufgabe zufallen wird, einerseits die von dort aus kommenden Anfragen entgegenzunehmen und zu erledigen, andererseits das von den Polizeirevieren eingehende Berichtsmaterial nach einheitlichen Gesichtspunkten zu bearbeiten und nach evtl. Vervollständigung dorthin weiterzuleiten.

Für Trinker im Bereich des Polizeibezirksamtes Berlin-Mitte tritt diese Behörde an die Stelle der Abteilung IV.

Ich bitte, von der Anweisung und vorstehenden Ausführungen Kenntnis zu nehmen und mir gefälligst mitzuteilen, ob Euere Hochwohlgeboren der vorgeschlagenen Regelung zustimmen oder noch Abänderungsvorschläge zu machen haben. Sobald ich des dortseitigen Einverständnisses sicher bin, werde ich die entsprechenden Anordnungen treffen.

Für die Uebersendung des Jahresberichts 1915 spreche ich hiermit meinen verbindlichsten Dank aus.

J. B.
(Unterschrift).

An das Zentralkomitee der Auskunfts- und Fürsorgestellen für Lungenkranke, Alkoholkranke und Krebskranke in Berlin E. V., z. H. des Herrn Geh. Regierungsrats Pütter, Hochwohlgeboren, hier.

Anlage zu diesem Schreiben:

Trinkerfürsorge.

1. Die Reviere werden im Anschluß an die Generalverfügung vom 27. 11. 1912 (1553, IV. Geh. 12) erneut darauf aufmerksam gemacht, daß in Berlin 3 Auskunfts- und Fürsorgestellen für Alkoholkranke vorhanden sind, welche dem Zentralkomitee der Auskunfts- und Fürsorgestellen für Lungen-, Alkohol- und Krebskranke in Berlin NW 6, Schumannstr. 21 (Königl. Charitee) unterstellt sind und jedermann mit Rat und Tat in Trinkerangelegenheiten zur Verfügung stehen. Sie sind nachmittags von 4 bis 6 Uhr geöffnet, und zwar:

   a) die Stelle in der Königl. Charitee (Nervenpoliklinik, Eingang Alexanderufer) jeden Montag für die Stadtbezirke W, NW, SW, C,

   b) die in der Palisadenstraße 11 jeden Mittwoch für NO, O, SO, S und

   c) die in der Zionskirchstraße 9 jeden Donnerstag für N.

   In den Sprechstunden sind außer Fürsorgeschwestern ein Arzt, ein Fürsorger und ein sachverständiger Beirat zugegen. Während Arzt und Fürsorger den Trinker zu beeinflussen suchen, arbeiten zugleich die Fürsorgeschwestern zugunsten der Trinkerfamilien in wirtschaftlicher, gesundheitlicher und sittlicher Hinsicht.

   Es empfiehlt sich in allen geeigneten Fällen, die Umgebung von Trinkern oder diese selbst auf das Vorhandensein und den Zweck dieser Fürsorgestellen entsprechend hinzuweisen und letztere evtl. auch bei den polizeilichen Feststellungen in Angelegenheiten der Trinker oder ihrer Familien in Anspruch zu nehmen.

2. Damit eine wirksame Unterstützung der höchst dankenswerten Bestrebungen des Zentralkomitees Platz greifen kann, sollen die Reviere

künftig in folgender Weise zu einer Mitwirkung in Angelegenheiten der Trinkerfürsorge herangezogen werden.

a) Sie werden verpflichtet, fortan in allen Fällen, in denen sie gegen einen Trinker einzuschreiten oder sich sonst mit ihm zu beschäftigen haben, jedesmal einen besonderen Bericht nach anliegendem Muster an die Abteilung IV A. S. P. bezw. das Polizeibezirksamt einzureichen.

Eine solche Berichterstattung wird in Frage kommen bei der Einlieferung sinnlos Betrunkener, die hilflos auf der Straße liegen, bei der Einleitung der Strafverfolgung gegen Personen, die bei Begehung der Tat angetrunken waren, beim Einschreiten gegen Ruhestörungen und Ausschreitungen, die im Rauschzustande begangen sind, bei Ermittelungen gegen Trinker aus § 361 Ziffer 5 und 7 St.G.B. u. s. f.

b) Die Reviere haben ferner allmählich nach Möglichkeit sämtliche im Bezirk wohnhafte Trinker zu ermitteln, die das Revier im letzten Jahre in der zu a erwähnten Weise beschäftigt haben. Für jeden so Ermittelten ist fortlaufend ein Bericht gleichfalls nach anliegendem Muster zu erstatten, es sei denn, daß er inzwischen schon auf Grund der Bestimmung zu a gemeldet sein sollte.

Mit Rücksicht auf die vorstehenden Anordnungen kommt die durch die Generalverfügung vom 31. 11. 12 (1851. IV. Gen. 12) vorgeschriebene unmittelbare Benachrichtigung des Zentralkomitees durch die Reviere künftig in Fortfall.

3. Bei dieser Gelegenheit werden die Reviere wiederholt darauf aufmerksam gemacht, daß sie in Fällen, in denen von Seiten Familienangehöriger oder dritter Personen polizeilicher Schutz gegen Gewalttätigkeiten eines Trinkers erbeten wird, soweit nur irgend möglich, angemessene Hilfe zu gewähren haben.

a) Die Art der Hilfsgewährung wird sich je nach den Umständen des einzelnen Falles bestimmen. Vielfach wird z. B. schon eine dringliche Verwarnung genügen.

b) Als äußerstes und wirksamstes Mittel kommt die Schutzhaft in Frage. Sie wird mitunter schon zum eigenen Schutze des Trinkers (Gesetz zum Schutz der persönlichen Freiheit vom 12. 2. 50 — Ges.-Samml. S. 45) zulässig sein. In sehr vielen Fällen aber wird sie aus dem Gesichtspunkt der Verhütung strafbarer Handlungen des Trinkers (z. B. gegen die §§ 223, 240, 241 St.G.B.) oder der Abwendung der den Angehörigen oder dritten Personen durch ihn drohenden Gefahren auf Grund der allgemeinen Bestimmung § 10 II 17 A.L.R. angeordnet werden können. Von diesem Mittel der Inschutzhaftnahme ist weitgehender Gebrauch zu machen.

Die Vollstreckung der Schutzhaft erfolgt im Polizeigewahrsam.

c) Bei Verdacht von Geisteskrankheit, z. B. wenn der Trinker bereits in einer Irrenanstalt untergebracht war, ist die kreisärztliche Untersuchung herbeizuführen.

Polizeirevier . . .   Berlin, den . . . 191 . .

Für den — die — . . ., geboren am . . . in . . .,
. . . Konfession und wohnhaft . . . als Mieter — Aftermieter
bei . . . — wird das Eingreifen der Trinkerfürsorge empfohlen.
Er — sie — ist verheiratet mit . . ., wohnhaft . . . und hat
. . . minderjährige Kinder im Alter von . . . bis . . . Jahren,
wohnhaft . . . Dem Hausstande gehören — außerdem — an . . .
. . . arbeitet regelmäßig — zeitweise — selten — und hat
einen wöchentlichen — monatlichen — Durchschnittsverdienst von
. . . M. Er — sie — bezieht wöchentlich — monatlich —
. . . M. Armenunterstützung.

Es sind bereits Akten unter . . . sowie Strafzeichen . . .
vorhanden.

* * *

Das Eingreifen der Trinkerfürsorge wird für angebracht er=
achtet, weil (Tatbestand, getroffene Maßnahmen, Verbleib ent=
standener Vorgänge, sonst Wichtiges) . . .

An
Abteilung IV (A. S. P.)
das Polizeibezirksamt . . .

* * *

Wir haben alsbald unsere Zustimmung zu der Entschließung, ein
besonderes Dezernat für Trinkerfürsorge bei der Abteilung IV des Königlichen
Polizei=Präsidiums einzurichten, sowie zu der neuen Regelung in folgendem
Schreiben vom 14. Juni 1916 Ausdruck gegeben:

Euer Hochwohlgeboren

beehren wir uns auf das geschätzte Schreiben vom 26. Mai b. Js.
— Tagebuch Nr. 313. IV. Gen. 16 — ganz ergebenst zu erwidern,
daß wir die Entschließung, ein besonderes Dezernat für Trinker=
fürsorge bei der Abteilung IV des Königl. Polizei=Präsidiums ein=
zurichten, mit lebhafter Freude begrüßen.

Zu der geplanten Anweisung haben wir nur geringe Aende=
rungen vorzuschlagen und zwar folgende:

1. Zu 3c
Bei Verdacht von Geisteskrankheit oder Gemeingefährlichkeit,
z. B. wenn der Trinker bereits in einer Irrenanstalt unter=
gebracht war, ist die kreisärztliche Untersuchung herbeizuführen.
Vor oder spätestens zu der Untersuchung sind von den Fürsorge=
stellen und zwar entweder durch den Verwaltungsdirektor der
Königliche Charitee, Geh. Regierungsrat Pütter, Schumann=
Straße 21 (Fernsprecher: Amt Norden Charitee oder Amt
Norden 3521), oder durch den Sanitätsrat Dr. Hesse, Char=
lottenburg, Havelstraße 4 (Fernsprecher: Amt Wilhelm 2867),

die etwa vorhandenen Akten bezw. ein Ermittlungsbericht einzufordern.

2. Unter Polizeirevier:

Hinter . . . Mark Armenunterstützung, Invaliden-, Unfall-, Militär-Rente, Pension.

Von der Anweisung an die Reviere und an das neue Dezernat für Trinkerfürsorge bitten wir uns gefälligst Mitteilung machen zu wollen.

Der Vorsitzende
gez. Pütter
Geheimer Regierungsrat
Verwaltungsdirektor der Königl. Charitee.

Hierauf erfolgte die bisher telephonische und persönlich mündliche Antwort, daß unseren sämtlichen Wünschen in weitgehender Weise Rechnung getragen, insbesondere unsere Akten bezw. ein Ermittelungsbericht in jedem Falle sobald irgend tunlich **vor** der Untersuchung eingefordert werden sollen. Die entsprechenden Anordnungen dürften der Zusage entsprechend bereits ergangen sein.

Die Vorzüge*) des jetzt vorgeschriebenen Verfahrens liegen auf der Hand:

1. Eine besondere Hauptstelle für Trinkerfürsorge im Polizei-Präsidium bietet die Gewähr, daß einheitlich den Eigentümlichkeiten der Trinker in Beurteilung und Behandlung in gründlichster Weise Rechnung getragen und ein geregeltes Zusammenarbeiten mit dieser Hauptstelle in der Richtung der in dem Erlaß Absatz 3 ausgesprochenen beiden Aufgaben sichergestellt ist.

2. Die Polizei-Reviere erhalten eine eingehende Anweisung zur Ueberweisung von Trinkern an die Fürsorgestellen und zur Inanspruchnahme der Fürsorgestellen bei den polizeilichen Feststellungen in Angelegenheiten der Trinker oder ihrer Familien sowie über ihre Mitwirkung in Angelegenheiten der Trinkerfürsorge hinsichtlich der Berichterstattung und der Ermittelung sämtlicher im Bezirk wohnender Trinker.

3. Die kreisärztliche Untersuchung wird, da nunmehr stets ein ergiebiger und zuverlässiger, weil sachverständiger Aktenstoff vorliegt, auch bei im Augenblick der Untersuchung mangelnden körperlichen oder geistigen Erscheinungen von Geisteskrankheit mit Gemeingefährlichkeit letztere aus den Akten als bewiesen feststellen können und dadurch die bisher so niederdrückende Tatsache beseitigen, daß gerade die schlimmsten und boshaftesten Trinker allen Bemühungen, sie unschädlich zu machen, ein Schnippchen schlugen.

4. Die jetzt vorgeschriebene druckblattmäßige Anmeldung der Trinker seitens der Polizei-Reviere an die Fürsorge erleichtert die Arbeit der Reviere und steigert ihre Bereitwilligkeit zur Anmeldung.

Es wird nunmehr darauf ankommen, wie sich die neue geregelte, innige Verbindung zwischen Polizei und Fürsorgestellen in der Behandlung der Einzelfälle abspielen wird.

---

*) Vergl. Deutsche Strafrechts-Zeitung, III. Jahrgang, Heft 9/10, Seite 412 f.

Hoffen wir, daß die mannigfachen bisher noch unerledigten Fragen in der Behandlung des Trinkers durch das auf beiden Seiten mit der größten Hingebung an die schwierigen Aufgaben vollzogene Einvernehmen ihrer erforderlichen Lösung um einen guten Schritt näher kommen. — —

Die in den letzten Jahren nicht seltenen Fälle, wo unsere Akten von den Gerichten zur Einsicht eingefordert worden sind, wenn es sich um Entmündigungs- oder Ehescheidungs- oder Mishandlungssachen von Alkoholikern handelte, gaben uns Anlaß, uns am 28. April d. Js. auch an den Herrn Oberstaatsanwalt bei dem Königlichen Kammergericht mit folgendem Antrage zu wenden:

Euer Hochwohlgeboren

bitte ich unter Ueberreichung des letzten Jahresberichts sowie einiger Sprechstunden-Verzeichnisse unserer Auskunfts- und Fürsorgestellen für Lungenkranke, Alkoholkranke und Krebskranke die Herren Ersten Staatsanwälte in Groß-Berlin anweisen zu wollen, uns diejenigen Alkoholiker zuzuweisen, welche behaupten, eine Straftat unter dem Einfluß des Alkohols begangen zu haben, sowie solche, bei denen durch Zeugen oder Gerichtsärzte und auch wohl auf andere Weise festgestellt wird, daß die Straftat auf starken Alkoholismus zurückzuführen ist.

Dabei gestatte ich mir zu bemerken, daß die Akten unserer Fürsorgestellen in den letzten Jahren immer häufiger nicht nur von den Kreisärzten sondern auch von den Gerichten zur Einsicht gewünscht sind, wenn es sich um Entmündigungs- oder Ehescheidungs- oder Mishandlungssachen von Alkoholikern handelte.

Alle Anträge bitte ich an meine Adresse richten zu lassen.

Mit vorzüglicher Hochachtung
Der Vorsitzende
gez. Pütter
Geheimer Regierungsrat
Verwaltungsdirektor der Königl. Charitee.

Die Antwort erfolgte in folgender Verordnung:

Der Oberstaatsanwalt Berlin, den 22. Juni 1916.
bei dem Königl. Kammergericht. W 57, Elsholzstr. 31.
Gesch. Nr. II 29/OSTA. 882.

Auf das Schreiben vom 19. Mai 1916 übersende ich ergebenst Abschrift einer an die Ersten Staatsanwälte bei den 3 Berliner Landgerichten ergangenen Verfügung vom heutigen Tage zur gefälligen Kenntnisnahme.

In Vertretung.
(Unterschrift).

An den Vorsitzenden des Zentral-Komitees der Auskunfts- und Fürsorgestellen für Lungenkranke, Alkoholkranke und Krebskranke in Berlin (E. V.), Herrn Geh. Regierungsrat Pütter, Verwaltungsdirektor der Königlichen Charitee, Berlin.

Das Zentral-Komitee der Auskunfts- und Fürsorgestellen für Lungenkranke, Alkoholkranke und Krebskranke in Berlin (E. V.), NW 6, Schumannstraße 21 (Königl. Charitee), das die Bekämpfung der Trunksucht, insbesondere durch Zuführung der Trinker zu geregelter Arbeit, Arbeitsvermittlung, Anhaltung zur Enthaltsamkeit (Ueberweisung an Enthaltsamkeitsgruppen), Unterbringung in Trinkerheilstätten und Kranken-(Irren-)Anstalten und Familienfürsorge sich zur Aufgabe stellt, hat darum gebeten, ihm die Adressen derjenigen Alkoholiker zu übersenden, die behaupten, eine Straftat unter dem Einflusse des Alkohols begangen zu haben, sowie solcher, bei denen durch Zeugen oder Gerichtsärzte (und auch wohl auf andere Weise) festgestellt wird, daß die Straftat auf starken Alkoholismus zurückzuführen ist. Die Bestrebungen des Zentral-Komitees zu unterstützen, liegt insbesondere bei den gegenwärtigen Zeitverhältnissen im öffentlichen Interesse. Euere Hochwohlgeboren ersuche ich deshalb, Anordnung zu treffen, daß dem Wunsch des Zentral-Komitees tunlichst entsprochen wird. Die Mitteilungen sind an den Vorsitzenden, Geh. Regierungsrat Pütter, Verwaltungsdirektor der Königl. Charitee zu richten.

Zugleich weise ich darauf hin, daß mit Rücksicht auf die Bestimmung in § 2 letzter Satz der Allgemeinen Verfügung vom 11. November 1912 die Mitwirkung des Zentral-Komitees auch bei Prüfung der Frage, ob für einen zum Trunk neigenden Verurteilten bedingte Strafaussetzung zu befürworten ist, wird in Anspruch genommen werden können.

In Vertretung.
gez. Klein.

An die Herren Ersten Staatsanwälte bei den Landgerichten I, II und III hier.

Dieser Erlaß kommt nicht allein unserm Wunsche entgegen, uns die Anschriften derjenigen Alkoholiker zu übersenden, die behaupten, eine Straftat unter dem Einflusse des Alkohols begangen zu haben, sowie solcher, bei denen durch Zeugen oder Gerichtsärzte (und auch wohl auf andere Weise) festgestellt wird, daß die Straftat auf starke Alkoholsucht zurückzuführen ist, sondern er sagt uns auch die Aussicht zu, bei der Prüfung der Frage in Anspruch genommen zu werden, ob für einen zum Trunk neigenden Verurteilten **bedingte Strafaussetzung** zu befürworten ist. Die Mitwirkung der Fürsorgestellen bei der Entscheidung über bedingte Strafaussetzung, die uns hier geboten wird, ist von den Fürsorgestellen seit etlichen Jahren angelegentlich angestrebt worden. Es ergibt sich ihnen hierdurch die Möglichkeit, den betreffenden Trinker durch die Aussicht auf Strafaussetzung zu einem unanstößigen Lebenswandel mit dauernder Enthaltsamkeit zu erziehen, und dadurch ihn und seine Familie auf einen grünen Zweig zu bringen und die menschliche Gesellschaft vor seinen weiteren Gesetzesübertretungen zu bewahren.

Daß durch diese beiden diesjährigen Erlasse des Herrn Polizei=
Präsidenten und des Herrn Oberstaatsanwalts, abgesehen von dem segens=
reichen sachlichen Inhalt, dessen Tragweite erst im Laufe der Jahre in vollem
Umfange sich zeigen wird, das Ansehen und die Stellung unserer Fürsorge=
stellen wesentlich gehoben werden, fassen wir als weithin sichtbare Anerkennung
unserer nicht ganz mühelosen Arbeit um die uns anbefohlenen Trinker auf.

3. Fürsorger, Fürsorgeschwester.

Die Aufgaben der Fürsorgestellen haben zweierlei Angriffspunkte, erstens den Trinker, zweitens seine Familie. Der Trinker muß in erster Linie von seiner Leidenschaft wenn tunlich befreit, also ernüchtert werden. Wie bei dem Morphinisten nur die gänzliche dauernde Enthaltung vom Morphium die einzige Gewähr einer gründlichen Heilung bietet, gerade ebenso ist der Alkoholist von seiner Sucht nur geheilt, wenn jeder Tropfen Alkohol ihm dauernd fernbleibt. Es gibt nach unseren heutigen Kenntnissen keine andere Rettung für den Trunksüchtigen als lebenslängliche Enthaltsamkeit. Ihre Erzielung ist unter zwei Umständen möglich, entweder beim Verbleiben des Kranken in der Häuslichkeit in hier freiwillig gewählter Absagung von allen geistigen Getränken, oder in der Anstalt zunächst in hier auferlegter Zwangs-Enthaltsamkeit. Da gemeinhin das Verbleiben in der Anstalt nicht lebenslänglich gedacht ist, so ist es Aufgabe der Anstalt, dahin zu wirken, daß der Kranke auch nach der Entlassung aus Anstalt und Zwang in der Freiheit freiwillig dauernd enthaltsam bleibt. Die Aufgabe ist derartig schwierig, sie erfordert so viel Willenskraft und durch unermüdliche Beeinflussung und Belehrung zu gewinnende Einsicht und zumeist so viel Zeit und mit ihr Geld, daß das Ziel leider häufig nicht erreicht wird. Der erste Gang nach dem Verlassen der Anstaltspforte ist oft die Schnapsquelle. Ein wenig günstiger legen sich die Dinge an, falls es in der Anstalt gelingt, den Kranken mit einer Enthaltsamkeitsgruppe, die ihm zusagt, in nähere Verbindung zu bringen. Die Bedeutung solcher Enthaltsamkeitsgruppen für unser Volk kann nicht hoch genug veranschlagt werden. Ohne sie wäre unzweifelhaft aller Kampf gegen die verderbliche Seuche der Alkoholsucht überflüssig, weil erfolglos. Der Eintritt auch solcher Volksgenossen in eine dieser Gruppen, die um ihrer selbst willen des Halts in ihr gegen die Alkoholgefahr nicht bedürfen und um der kranken Brüder willen das Enthaltsamkeitsgelübde bei der Aufnahme ablegen, ist ein von Großherzigkeit und Menschenliebe zeugender Schritt, vor dem man den Hut ziehen sollte. Einige, die wichtigsten dieser Gruppen, diejenigen, mit welchen unsere Fürsorgestellen Hand in Hand arbeiten, seien hier hervorgehoben: Der **Guttemplerorden** hat den Kampf gegen die Trunksucht in edler Einseitigkeit auf seine Fahne geschrieben. Politisch und kirchlich neutral oder doch annähernd farblos, in größerem Kreise bekannt und beliebt, rege in der Arbeit, gut ausgebaut und geleitet, ist unsere Verbindung mit ihm auf dem Boden der bunten Großstadt uns zusagend und wertvoll. Ausgeschlossen von ihm bleiben Trunksüchtige, welche von der öffentlichen Armenpflege unterstützt werden, also nicht selbständig sich mit den ihrigen durchbringen können, sowie stumpfe, einsichtslose Fälle, die das Gelübde der Enthaltsamkeit nicht mehr zu halten vermögen ober auch nicht halten wollen, weil sie seine Zwecke nicht verstehen. Der evangelische **Blaukreuz**verein arbeitet auf dem Boden seines kirchlichen bezw. Bekenntnis=Standpunktes. Die Lösung des Kranken aus den Banden des Alkohols ist ihm ein Mittel für seinen Zweck. Mit Hingebung widmet er sich auch den scheinbar verlorensten Fällen, freilich je nach der Begabung, Lust und Liebe des einzelnen werbenden Mitgliedes mit mehr oder weniger Zähigkeit und Enderfolg. Auf verwandtem Boden stehend hat die evangelische **Michael=Gemeinschaft** in letzter Zeit in Berlin uns sehr erfreuliche Zeichen einer rührigen Rettungsarbeit an unseren Trinkern an den Tag gelegt. Ganz ähnlich verhält es sich mit dem katholischen **Kreuzbündnis,** welches uns für katholische Trinker, soweit sie selbst oder ihre Familien noch einige kirchliche Fühlung haben oder erwarten lassen, willkommen ist. Die **Heilsarmee,** vor Jahren noch ein geschätzter Bundesgenosse, scheint in letzter Zeit an Bedeutung verloren zu haben. Der sozialdemokratische **Arbeiter=Abstinentenbund** ist uns ein wertvoller Helfer bei der Arbeit an Trinkern, die mittels des Rüstzeuges der sozialdemokratischen Welt= anschauung, selbstverständlich soweit sie das Vaterland achtet und liebt, für die Enthaltsamkeit gewonnen werden können. Noch andere zahlreiche Fach= gruppen schreiben ihren Mitgliedern lebenslängliche Enthaltsamkeit vor und wirken daher in der gleichen Richtung.

Schon in der Zeit vor dem Kriege war es nicht ganz leicht, eine geeignete Enthaltsamkeitsgruppe zur Bearbeitung eines jeden unserer Trinker zu gewinnen. Unsere Trinker stammen — und werden vielleicht auch in Zukunft sich ergänzen — durchschnittlich aus den ärmeren Bevölkerungsklassen und sind zweitens zumeist schon in einem vorgeschrittenen Zustande der Trunk= sucht. Bemitteltere Leute und solche, denen leichter noch einige Einsicht in die Gefahr, in der sie durch ihre Leidenschaft schweben, beizubringen ist, sind naturgemäß ein dankbarerer und erfolgreicher zu erringender Gewinn für einen Enthaltsamkeitsverein als arme, stumpfe, halb blöde Menschenkinder, deren Wiederherstellung — auch nur bis zu einem gewissen Grade — sich schwerer voraussehen läßt, viel Zeit und Mühe erfordert, und deren Umkehr nur durch eine Werbegeduld und =Zähigkeit sich ermöglichen läßt, wie sie äußerst selten sich in einem solchen Kranken fernstehenden Enthaltsamen auffinden lassen wird. Man muß auch bei den begeistertsten und daher seltenen Mitgliedern der Enthaltsamkeitsgruppen mit den ihren Wünschen sich entgegenstemmenden Hindernissen rechnen, geschweige denn bei ihren Durchschnittsmitgliedern. Die Ueberwindung der Alkoholsucht eines von ihr Befallenen ist oft eine gar schwere, ja schier unerreichbare Aufgabe. Waren schon bei den Enthaltsamkeits= gruppen vor dem Kriege hier die Schwierigkeiten groß, so häuften sie sich durch den Krieg. Die Gruppen hatten große Mühe, sich überhaupt noch über Wasser zu halten; ihre Mitglieder zogen ins Feld, der kleine ver= bleibende Rest büßte begreiflicherweise bei dem Lebendigwerden gewaltiger anderer und neuer seelischer Stimmungen durch den Krieg an der erforder= lichen Stärke der Neigung zur Trinkerrettung ein. So kamen wir auf einen Punkt, wo die Fortführung unserer Pflichten an den Trinkern uns wegen der entgegenstehenden Schwierigkeiten, insbesondere wegen des Versagens einer genügend kräftigen Mithilfe der Enthaltsamkeitsgruppen anfing, über den Kopf zu wachsen. Neue Möglichkeiten mußten gefunden werden.

Sie boten sich in der eigenen Einstellung eines Fürsorgers in unsere Arbeit. Indem wir uns hierdurch in erster Linie auf eigene Füße stellten und die Hilfe der Enthaltsamkeitsgruppen nicht mehr in dem hohen, übertrieben hohen Maße in Anspruch zu nehmen brauchten, als bisher, sicherten wir uns, vorausgesetzt, daß wir die geeignete Persönlichkeit fanden, die Möglichkeit, auf dem Gebiete der Trinker=Rettung, dieser einen wichtigen uns obliegenden Teilaufgabe, weiter zu wirken, ja nicht allein nicht zu versagen, sondern sogar einen Schritt vorwärts zu kommen. Nicht als ob wir bisher nur die Enthaltsamkeitsgruppen für jene unsere Aufgabe vorgespannt hätten. Nein. Unsere Fürsorgeärzte und unser Beirat wirkten schon immer an unsern Trunksüchtigen im Sinne ihrer Umstimmung zur völligen Enthaltsamkeit. Doch geschah dies zumeist nur in den Sprechstunden. In diesen aber sind viele unserer Pflegebefohlenen trotz aller, in bestimmten Zeiträumen ihnen sämtlich immer wieder zugehenden Einladungen, nie gesehene Gäste. Die alleinige Arbeit der Fürsorgeärzte und des Beirats ist daher nicht ausreichend. Die Arbeit in den Häuslichkeiten der Trinker ist eben unentbehrlich. Sie wurde dem neuen Fürsorger als seine wichtigste Aufgabe übertragen. Ein solcher muß hierzu durch seine Vorbildung und die von ihm selber geübte Enthaltsamkeit befähigt sein. Wir lassen nunmehr unsere sämtlichen Pflegebefohlenen von unserem Fürsorger in ihren Wohnungen besuchen und bearbeiten. Er führt ein Straßenbuch und besucht hiernach die Leute. Des weiteren werden ihm in den Bürostunden, in welchen er übrigens neben einem Arzt und den beiden Büroschwestern mitarbeitet, die Fälle zugeschrieben. Fernerhin tut er unaufgefordert nach eigenem Ermessen seine Pflichten an den Alkoholkranken in ihren Wohnungen. Unsere Arbeiten haben, wie manche ähnliche, die Eigentümlichkeit, sich nicht bis ins einzelne und bis auf die letzte Pflicht vorschreiben zu lassen. Sie müssen vielmehr zum großen Teil dem Pflichtgefühl und der Lust und Liebe des Leistenden überlassen werden, ohne daß man ihn auf allen seinen Wegen zu überwachen braucht. Der Fürsorger berichtet über seine Wahrnehmungen, Wünsche und Anträge für jeden Fall und Besuch auf besonderem Blatt, welches den Akten des Kranken beigefügt wird. Diese meist ausführlichen und alles wesentliche erschöpfenden Berichte, von einem erfahrenen Sachverständigen verfaßt, sind eine Fundgrube für alles Wissenswerte über den Kranken und die Grundlage für unser weiteres Vorgehen. Es braucht nicht hervorgehoben zu werden, daß durch die Einstellung des Fürsorgers die Hilfe der Enthaltsamkeitsgruppen nunmehr keineswegs für uns überflüssig geworden sei, und wir auf sie daher fortan verzichteten. Das Gegenteil ist der Fall. Die durch den Fürsorger erlangte eingehende Kenntnis der persönlichen Verhältnisse und Neigungen des Trinkers und seiner Familien befähigen vielmehr ihn und uns, entscheiden zu können, ob die gleichzeitige Bearbeitung des Trinkers durch eine Enthaltsamkeitsgruppe vorläufig einen Zweck hat und daher erbeten werden soll, und welche der Gruppen im vorliegenden Falle als die geeignetste erscheint. Der Fürsorger hat nähere persönliche Fühlung und Verkehr mit sämtlichen mit uns in Verbindung stehenden Gruppen, kann dem für den betreffenden Kranken nach seiner Gesamtlage am geeignetsten erscheinenden Enthaltsamen den Fall zuweisen und bespricht mündlich mit ihm von Zeit zu Zeit und auch bei gelegentlichem Zusammentreffen den Ablauf. Somit ist die von uns so dringend angestrebte Zusammenarbeit unserer Stellen mit den Enthaltsamkeitsgruppen durch die Person unseres Fürsorgers nur noch begünstigt. Es fällt nunmehr der Unmut der einen oder anderen Gruppe, mit Fällen behelligt zu werden, die ihr nicht behagen, fort, und die Freudigkeit der Mitarbeit wird gehoben. Wir aber brauchen nicht lange Zeit vergeblich auf die Berichte der Gruppen zu warten, sondern erfahren sofort über jeden Kranken durch unsern Fürsorger alles, was wir wissen wollen. Und gerade diese Schleunigkeit der Berichterstattung ist in manchen Fällen von größter Wichtigkeit. Kann doch z. B. in manchen Polizei= und Gerichtsfällen innerhalb 24 Stunden ein neuer Ermittelungsbericht notwendig erscheinen.

Außer der ermittelnden und der den Trinker ernüchternden Tätigkeit des Fürsorgers liegen ihm noch manche andere Verrichtungen ob. Arbeit mindert, Müßiggang mehrt die Leidenschaft der Trinker. Eine Widerspruch hervorrufende Behauptung, da durch den Lohn der Arbeit die nötigen Geldmittel zum Trunk aufkommen und der Müßiggänger kein Geld zum Trinken bereit hat. Indes seltsam genug, zum Trinken hat der Trinker noch immer das Geld zur Stelle, mag es auch auf die dunkelste Weise gewonnen werden. Die Einführung und die Festhaltung in geregelter Arbeit ist eine der segensreichsten fürsorgerlichen Bemühungen für den Trinker. Früher von uns kaum in Angriff genommen, wird sie jetzt Dank der Hilfe des Fürsorgers zu einer unserer wichtigsten Beschäftigungen. Zum Glück bietet der Krieg im Unterschied von der früheren Friedenszeit eine Fülle von einträglichen Arbeitsgelegenheiten mit zum Teil bescheidensten Ansprüchen an Leistungsfähigkeit und Schulung. Vor allem ist hierbei darauf zu achten, daß die Verführung zum Alkoholgenuß in den Arbeitsstellen nicht vorhanden sein darf, oder doch möglichst gering sein muß. Sonst würde die Einstellung des Trinkers keinen Nutzen sondern einen Schaden für ihn bedeuten. Mit einer größeren Reihe von Firmen hat der Fürsorger unmittelbare Fühlung und dadurch bei diesen die Möglichkeit der Einstellung unserer Schützlinge. Im übrigen stehen wir mit einschlägigen Vereinen und Einrichtungen in Verbindung, so mit dem Verein Dienst an Arbeitslosen, Ackerstraße 52, bei dem wir überdies obdachlose Trinker für 1 bis 2 Nächte unterzubringen vermögen, mit der Arbeiterkolonie, Reinickendorfer Straße 66, dem Zentral=Arbeitsnachweis, Gormannstraße, dem Verband märkischer Arbeitsnachweise, der Arbeiter=Zentrale der Landwirtschaftskammer, Koppenstraße, dem Herrn Landesdirektor der Provinz Brandenburg und anderen. Auch diese Arbeitsbeschaffung verlangt viel Geduld unsererseits. Manchmal verbleibt der Mann nur 1 oder 2 Tage an der nachgewiesenen Stelle. Die zugemuteten Leistungen gehen ihm zumal in den ersten Tagen der Nichtgewöhnung über sein Vermögen. Und was dergleichen Gründe mehr sind. Da darf man nicht ermüden, sondern muß immer wieder nachhelfen. Denn hat der Mann einmal Fuß gefaßt, so ist für ihn ein guter Schritt vorwärts getan. Die Zahl unserer Arbeitsnachweisungen belief sich in der Zeit vom 1. Oktober 1915 bis 1. September 1916 auf 228. Nicht selten geschah die Vermittelung für denselben Trinker wiederholt, ja in einem Falle sogar dreizehn mal.

Mit der öffentlichen Armenpflege, und zwar sowohl mit der Leitung wie mit den Armenvorstehern verkehrt der Fürsorger in unserem Auftrage häufig, teils in mündlich ermittelndem, teils in fürsprechendem Sinne. Als Gegenleistung überweisen uns diese Stellen zunehmend mehr ihre Trinker, da sie aus dem Verkehr mit uns den Nutzen inne werden, welchen wir sowohl den Trinkern und ihren Familien wie auch dem Armen= säckel der Stadt bereiten. Von der städtischen Armenbehörde bringt unser Ruf weiter und findet seinen Widerhall in Ueberweisungen des Magistrats, der Schuldeputation zur Speisung von Schulkindern usw. Dabei wurde die Verbindung mit den alten Ueberweisungsstellen — zum Teil gleich= falls auch durch den Fürsorger — sorgfältig gepflegt, so besonders mit der Landes=Versicherungsanstalt Berlin, unserer ältesten und ergiebigsten Arbeitgeberin, mit der Allgemeinen Ortskrankenkasse, der Betriebskrankenkasse der Allgemeinen Elektrizitäts=Gesellschaft, dem Kinder=Rettungs=Verein, der Geschäftsstelle des Deutschen Vereins gegen den Mißbrauch geistiger Getränke, dem Nationalen Frauendienst, dem Verein zur Besserung Strafgefangener, der Deutschen Zentrale für Jugendfürsorge, der Zentrale für private Für= sorge, der Fürsorgedame am Polizei=Präsidium und vielen sonstigen Stellen.

Eine andere Aufgabe des Fürsorgers besteht in der öfters von uns aus notwendigen (falls keine anderen Kräfte zur Verfügung stehen) Ueber= führung von Trinkern in Trinkerheilstätten, Arbeiterkolonien und Irrenanstalten. Von ersteren stehen wir in Verbindung mit den auch während des Krieges für uns geöffneten Anstalten in Jauer (auch für Frauen), Elim in Stettin (Frauen), Waldfrieden, Lintdorf, Bojanowo und anderen. Durch den von unserem Fürsorger hergestellten persönlichen Ver= kehr mit diesen Anstalten erwachsen uns für unsere Trinker und ihre spätere Bewahrung Vorteile. Verhältnismäßig viel Verkehr haben wir mit den Bodelschwingh'schen Anstalten in Hoffnungstal, Lobetal, Gnadental. Die Möglichkeit, unsere Kranken dort sofort ohne jegliche Umstände unterzubringen, insbesondere auch ohne daß für uns der Kostenpunkt in Frage kommt, und und ihre nahe Lage erleichtert uns den Entschluß, sie gerade dorthin zu schicken. Weitere Neuerungen werden dort geplant, die hoffentlich in einem uns günstigen Sinne ihre Erledigung finden werden. Die Irrenanstalten, mit denen wir verkehren, sind vor allem die städtischen in Buch, Dalldorf, Herzberge, Wuhlgarten, ferner die Edel'sche in Charlottenburg, die Provinzialanstalt in Teupitz, die Schöneberger Lewinstein'sche Anstalt. Mit allen diesen Anstalten, ebenso wie mit den Gefängnissen, dem Brandenburgischen Arbeitsasyl, dem Arbeitshaus in Rummelsburg, dem Asyl in Buch, verkehren wir überdies regelmäßig in jedem Einzelfalle druckblattmäßig, indem wir um den Tag der Entlassung und die demnächstige Wohnung bitten, damit alsdann unsere fernere Verbindung mit dem Pflegebefohlenen von uns alsbald fortgesetzt werden kann.

Großen Wert legen wir auf die Tätigkeit unseres Fürsorgers bei den wutvollen Trinkern. Ein tatkräftiges Vorgehen gerade bei ihnen erfordert vor allem schon das öffentliche Wohl, ganz abgesehen von den persönlichen Gesichtspunkten und Ansprüchen, die dabei in Frage kommen und gewahrt werden müssen. Die Daseinsberechtigung der Fürsorgestellen hängt nicht zuletzt von ihrer Stellungnahme gegenüber den Wutauftritten der

Trinker ab. Leider galt als Grundsatz bis vor kurzem fast immer das Ab=
warten. Die Ehefrau mit ihren Klagen wird vertröstet mit den Worten:
„Er hat Sie ja noch nicht totgeschlagen!" Auf diesem Trost fußte die frühere
Handlungsweise. Mit ihm muß gründlich aufgeräumt werden. Ein wut=
voller Trinker ist ein gemeingefährlicher Irrer. Hieran ändert nichts die
Zahmheit, die er in der nächsten Stunde nach seinem Ausbruch an den Tag
legen kann. Viele offenbare, aus anderen als alkoholischen Gründen gemein=
gefährliche Irre zeigen ja dieselben Wechsel von Toben und Sanftheit. Jede
neue Zufuhr von Alkohol, jeder geringfügige äußere Anlaß kann oder viel=
mehr wird wahrscheinlich einen neuen Wutausbruch vielleicht mit verhängnis=
volleren Folgen hervorrufen. Wenn irgendwo, so ist hier Vorbeugen die
beste Heilung. Vor jedem Eingriff bedarf es freilich zumeist einer kurzen
sachgemäßen Feststellung. Sie ist Aufgabe des Fürsorgers und muß unter
Umständen mit äußerster Geschwindigkeit vorgenommen werden. Seine Be=
reithaltung muß also zu jeder Stunde gesichert sein. Sind Mißhandlung
von Frau oder Kind oder Nachbarn usw. oder Zertrümmerungen in Wohnung
oder Haus oder ähnliches festgestellt, so ist die Unschädlichmachung des Kranken
erforderlich und zwar nicht nur für wenige Stunden, sondern für so lange,
bis eine Gewähr gegeben ist, daß Wiederholungen ausbleiben.

Falls die Polizei allein von sich aus die nötigen Schritte nicht tun
kann, so ist die eiligste Herbeiführung der unterstützenden Maßregeln, d. h.
wohl vornehmlich die kreisärztliche Untersuchung, erforderlich. Unsere Akten
oder fehlenden Falles unser Ermittelungsbericht müssen dem Kreisarzte vor=
liegen. Das Gutachten des Kreisarztes sei von der Rücksicht auf den Schutz
der Gesellschaft getragen, würdige gebührend die vorliegenden sachverständigen,
glaubwürdigen Feststellungen und lasse sich nicht ausschließlich leiten von der
Augenblicksverfassung des Trinkers, die, wie wissenschaftlich feststeht, täuschen
kann und leicht täuscht. Für Fälle, in denen die Feststellungen unseres Für=
sorgers zunächst ein weniger kräftiges und sofortiges Vorgehen seitens der
Polizei rechtfertigen, senden wir der Polizei einen druckblattmäßigen Antrag,
welcher die warnende und zu den nötigen Feststellungen unterstützende Seite
der polizeilichen Machtbefugnisse wachrufen will. Wir haben diesem Druck=
blatt gelegentlich erfreuliche Folgen zu verdanken. Der Trinker wird durch
das zarte Miteingreifen der Polizei im Zaume gehalten.

In anderen Fällen werden die Plagereien des Trinkers in seiner Fa=
milie seine Entmündigung zweckmäßig erscheinen lassen. Wenn auch die
Arbeitsverteilung zwischen unserm Beirat und unserm Fürsorger die Auf=
gaben derartig geregelt hat, daß die Entmündigungsfragen und =Schritte durch
unsern Beirat bewältigt zu werden pflegen, so können wir doch auch hier die
mitwirkende Tätigkeit unseres Fürsorgers nicht entbehren. Bei der nicht
unter allen Umständen erwiesenen Zuverlässigkeit der Angaben der Ehefrau
und sonstigen Angehörigen sind uns die unparteiischen Beobachtungen und
Feststellungen des Fürsorgers ausschlaggebend. Die öffentliche Meinung pflegt
in den Trinkerfamilien Licht und Schatten nicht nach der tatsächlichen Lage
der Dinge zu verteilen. Sie schildert gern die Ehefrau als den gequälten
Engel und den Trinker als den Vertreter der bösen Macht. Meist aber
haben sich doch zwei einander würdige Wesen zur ehelichen Gemeinschaft ver=
bunden, und die Ehefrau trägt oft mit Schuld an den Vorgängen,

unter denen sie leidet, deren Verhinderung freilich trotzdem unser Eingreifen nötig macht.

Die Arbeit des Fürsorgers wird weiterhin manche Tatsachen klarlegen, die ein Vorgehen der Fürsorgestellen, ihre Anträge an Behörden oder ähnliches zur Folge haben. So erhielten wir kürzlich von ihm folgenden Bericht:

„In einer Seifenfiliale holte ein Mann auf Brennspiritusmarken Brennspiritus. Man sah ihm den verkommenen Trinker schon von weitem an. Ich ging dem Manne nach. In einer Herberge in der Borsigstraße fand er zwei Freunde. Auf dem Hof stand ein alter Eimer, den man sich in der Friedrichstraße bei den Untergrundarbeitern mit Sägemehl hatte füllen lassen. Ein Sieb wurde geliehen, der Brennspiritus angewärmt, zuerst ein Gefäß mit Wasser über die Sägespäne gegossen, dann ein Lappen — soll mal ein Taschentuch gewesen sein — untergehalten, damit kein Sägemehl durchfiel, und jetzt wurde der Brennspiritus durchgegossen. Es blieben ca. ³/₄ Liter übrig, der mit dem gleichen Quantum Wasser vermischt getrunken wurde. Ich stellte die Namen der drei Schnapsbrüder fest, und die Brotkommission in der Gartenstraße veranlaßte ich, diesen künftighin die Marken „zu Beleuchtungszwecken" zu entziehen."

Der Magistrat hat im Anschluß hieran und auf unsere diesbezügliche Eingabe genehmigt, die Listen über die Brennspiritusverbraucher einzusehen und bei Mißständen dementsprechende Anträge zu stellen.

Nennen wir weiter noch die Aufgaben mit unserer Statistik, die zum Teil gleichfalls dem Fürsorger zufallen, so haben wir zwar wohl noch nicht alles erschöpft, aber doch das Wichtigste geschildert, was dem für unsere Fürsorge innerhalb eines Jahres unentbehrlich gewordenen Fürsorger bei unserer vielseitigen Arbeit zu schaffen obliegt.

Ist der Trinker der Brennpunkt in der Arbeit des Fürsorgers, so tritt für die **Fürsorgeschwester** die Familie des Trinkers in den Mittelpunkt ihrer Wirksamkeit. Nicht als ob der eine für den anderen Teil gänzlich unberücksichtigt bliebe. Das verhindert schon die innige Verbindung des Trinkers mit seiner Familie und der Familie mit dem Trinker. Wer sich dem Wohle des Ganzen widmet, kann nicht eins der zusammengehörigen Glieder des Ganzen vernachlässigen wollen. Daher beschäftigen sich die Berichte des Fürsorgers auch mit dem Ergehen der Familie und den für diese etwa notwendigen Schritten. Ebenso wie die Berichte der Fürsorgeschwestern nicht von den beiläufigen und unauffälligen Beobachtungen der Schwestern an dem Trinker selbst absehen und vielmehr nicht selten, nachdem sich die Schwester durch ihr würdiges Auftreten allmählich in das Vertrauen auch der Trinker hineingefühlt hat, hinsichtlich der Fürsorge für den Trinker wichtige und willkommene Winke an die Hand geben, und ihre Meldungen über ein gewalttätiges, zerstörungssüchtiges Verhalten des Trinkers z. B. für seine Entmündigung und seine Entfernung in die geschlossene Anstalt die wertvollsten Anhaltspunkte bieten. Aber sowohl die Beobachtungen der Schwester an dem Trinker wie die des Fürsorgers an seiner Familie sind immer nur gern gesehene Nebenleistungen. In der Hauptsache beschäftigt sich die Schwester mit der Familie. Liegt doch auch gerade diese Fürsorgetätigkeit wie keine andere dem Wesen der Schwester.

Unsere Bezirks=Fürsorgeschwestern bearbeiten nicht ausschließlich die Alkoholiker=Familien, sondern haben außer dieser noch die Fürsorge für die Lungenkranken und die Krebskranken in Händen. Diese ihre vereinigte Wirksamkeit ist im Laufe der Jahre für auswärtige Stellen immer wieder bis in die neueste Zeit ein Stein des Anstoßes und Mißverständnisses gewesen. Daher scheint es, obwohl die im Vergleich mit der Tätigkeit des Fürsorgers durch die Jahre mehr geebnete Wirksamkeit der Fürsorgeschwestern in weiten Kreisen nicht mehr gänzlich unbekannt sein dürfte, doch nicht überflüssig, gerade die Vorteile der Vereinigung der drei Fürsorgegebiete — lungenkranke, alkoholkranke, krebskranke Familien — in der einen Hand der Fürsorgeschwestern erneut zu betonen.

Wir haben im ganzen 19 Fürsorgeschwestern zu unserer Verfügung. Daneben noch 2 Alkohol=Büroschwestern. Diese 19 Schwestern haben jede einen bestimmten Bezirk Berlins und etliche Vororte, die keine selbständige Fürsorge treiben, zu versehen. Dieser verhältnismäßig kleine Bezirk ist ihnen auf das Genaueste bekannt. Sie kennen hier die meisten Aerzte, die für unsere Arbeit in Betracht kommen, insbesondere die Armenärzte, ferner die Armenvorsteher, die Vorstände sämtlicher Wohlfahrtsvereine, die Polizeibüros, die kirchlichen männlichen und weiblichen Persönlichkeiten und manche andere einschlägige Stellen persönlich. Alles, was demzufolge für unsere Kranken und deren Familien bei diesen verschiedenen Stellen erwirkt werden kann, kann und wird die Schwester mündlich schnellstens erledigen. Auch ist sie in ihrem Bezirk dem Publikum zumeist bekannt, und man wendet sich gern an sie mit seinen Wünschen. Unsere Fürsorgestellen sind dank unserer Fürsorgeschwestern volkstümliche Einrichtungen; unsere Fürsorgeschwestern sind für weite Kreise Vertrauenspersonen, an welche man sich, auch wenn nicht gerade Lungen=, Alkohol= oder Krebskrankheit vorliegt, um Rat und Tat wendet. Daß bei der von uns geübten Vereinigung dreier verschiedener Fürsorgegebiete, deren Vorzüge im Laufe langer Jahre durch die Erfahrung erprobt und bewährt sind, jedes einzelne der drei Gebiete völlig getrennt von dem anderen, insbesondere auch in Sprechstunden getrennt, bearbeitet wird, brauchte nicht ausdrücklich hervorgehoben zu werden, wenn nicht immer wieder die Beweise der Unkenntnis dieser Tatsache an den Tag kämen. Lungenkranken= und Alkoholiker=Fürsorge werden als wesentlich unterschiedliche Fürsorgegebiete bei uns nicht miteinander vermischt, sondern völlig von einander getrennt betrieben. Eine Vereinigung findet nur statt in der ausführenden Person der gemeinsamen Fürsorgeschwester, nicht in der Handhabung. Denn Bekämpfung der ansteckenden Volkskrankheit der Tuberkulose und der Angewöhnungs=Volkskrankheit der Trunksucht sind zwei grundverschiedene Dinge.

Womit beschäftigt sich nun die Schwester in der Alkoholikerfürsorge? Wir betreiben bei unseren sämtlichen Alkoholikern, soweit sie in der Familie leben, Familienfürsorge, ja auch in den Familien der getrennt lebenden (nicht der geschiedenen) Alkoholiker, in letzteren auch unter dem Gesichtspunkt, die Schwierigkeiten zu heben, welche einer Wiedervereinigung der getrennten Familie entgegenstehen. Die Tätigkeit der Schwester ist einerseits

Ermittelung, Feststellung, andererseits Abhilfe. Die Schwester besucht ihre Alkoholiker-Familien teils aus freien Stücken auf ihren Rundgängen teils aufgefordert. In gewissen Zwischenräumen werden die Familien der zuständigen Schwester immer wieder zum Besuch und Bericht zugeschrieben. Ihre Fürsorge richtet sich auf drei Gebiete, nämlich das **gesundheitliche, das wirtschaftliche und das sittliche Gebiet.**

Die gesundheitlichen Wünsche der Schwestern sammeln sich in erster Linie, wie überhaupt die Wünsche der Fürsorgestellen für Alkoholkranke, auf die Entwöhnung des Trinkers vom Alkohol, auf seine Enthaltsamkeit. Da die Kost für den Alkoholhang nicht gleichgiltig ist, vielmehr durch scharf salzige oder gewürzte Speisen und Getränke sowie auch durch einen Mangel an gebotenen flüssigen Nahrungsmitteln der Durst und damit der Trieb zum Alkohol gesteigert wird, so gibt die Schwester auf diese Punkte in der Ernährung der Familie besonders acht und wirkt nötigenfalls verbessernd ein. Zweitens richtet sie ihr Augenmerk auf die Kinder. Trinkerkinder tragen ja leider vielfach den traurigen Erbteil von ihrem Vater an ihrem Leibe und an ihrem Geiste mit sich. Die Unterbringung Blöder, Epileptischer und an Veitstanz leidender, die Kräftigung an Hunger und Unterernährung, an Skrophulose und Blutarmut krankender — sei diese Unterbringung nur vorübergehend oder für Jahre notwendig — erfordert die Mitarbeit der Schwester. Bereitwilligst steht ihr für die Unterbringung der an den genannten Nervenkrankheiten leidenden Kinder die Nervenpoliklinik der Königlichen Charité mit Rat und Tat zur Seite. Ganz besonders aber muß sie in der Richtung einer alkoholfreien Jugenderziehung der Kinder mit ihrer ganzen Persönlichkeit eintreten. Die Alkohol-Enthaltsamkeit unserer Jugend ist noch bei weitem nicht Allgemeingut unseres Volkes geworden. Daß sie aber wenigstens in Trinkerfamilien eine Selbverständlichkeit bedeute, muß den Müttern in diesen Familien durch die Schwester mit allem Nachdruck klar gemacht werden.

Wer in die wirtschaftlichen Zustände von Trinkerfamilien auch nur oberflächliche Einblicke getan hat, der empfing unweigerlich einen Eindruck von dem jeder Beschreibung spottenden wirtschaftlichen Elend und der Verwahrlosung, welche in die Familien von Trinkern als Folge ihrer Leidenschaft mit sicherer Regelmäßigkeit einzieht. Da hilft nicht eine unermüdliche Arbeitsamkeit der Ehefrau, die einerseits bei weitem nicht immer angetroffen wird und andererseits in längerer oder kürzerer Zeit unfehlbar erlahmen und z. B. infolge von Krankheit versagen muß. Unsere Schwestern erhalten auf ihren Rundgängen tiefe Einblicke in die Notstände der Tuberkulose-Familien. Die lange, zehrende, viele Kosten erfordernde Krankheit führt wirtschaftlich tief hinab. Aber nicht zu vergleichen mit der Not dieser Familien ist der wirtschaftliche Verfall der Alkoholiker-Familien. Und mit der Tiefe dieses Verfalles geht einher die Schwierigkeit der Abhilfe, selbst einer Augenblicks-, geschweige denn einer gründlichen. Denn das Mitleid versagt zumeist. Die um ein Eingreifen angegangene Stelle weigert sich, da ja alle gebotenen Geldmittel, selbst auch sachliche Leistungen immer nur in Schnaps für den Trinker umgesetzt würden. Und in der Tat, die Unterstützungen von Trinkerfamilien erfordern seitens der Geber oder Vermittler eine besondere Geschicklichkeit, soll nicht statt des Nutzens nur Unheil angerichtet werden. Unsere Schwestern werden durch ihre Uebung sowie durch Besprechungen mit unserm

Fürsorger, dem Armenvorsteher, den sonstigen zum Unterstützen willig gemachten Stellen auf die richtigen Mittel und Wege hingeführt, auf denen die gewährten Wohltaten zur zweckentsprechenden Verwendung statt in die stets dürstende Kehle des Trinkers gelangen. Hierbei muß auch seitens der Schwester tunlichst verhütet werden, daß die Familie dem gewerbsmäßigen Bettel verfällt und alle möglichen und unmöglichen Quellen in Bewegung zu setzen lernt, um ihrem Hang zum Müßiggang und Wohlleben auf Kosten anderer zu fröhnen. Schon die unbedingt notwendigen und unabweislichen Aufwendungen, welche für Trinkerfamilien gemacht werden müssen und daher seitens der öffentlichen Armenpflege bereitgestellt werden, sind nicht selten derartig hohe, daß das Heranziehen anderweitiger nicht verpflichteter Stellen nicht ohne gründliche Prüfung und nur mit großer Vorsicht geschehen darf. Die Tätigkeit unserer Schwester mit ihrer Erfahrung auf diesem Gebiete bietet hier eine gewisse Gewähr; wenn auch nicht verschwiegen zu werden braucht, daß sogar sie hin und wieder Täuschungen unterliegen kann. Wir haben eine Alkoholikerfamilie in unserer Fürsorge, welche laut amtlichem Nachweis für sich im Laufe etwa zweier Jahrzehnte an Aufwendungen seitens der öffentlichen Armenpflege in bar und für Verschickungen in Anstalten und dergleichen 73 000 M. nötig machte.

Außer mit dem Armenvorsteher, den kirchlichen Gemeindeschwestern und manchen anderen Stellen verkehren unsere Schwestern mit einer großen Reihe von Vereinen zur Linderung der wirtschaftlichen Not ihrer Alkoholikerfamilien, so mit dem Nationalen Frauendienst, der deutschen Zentrale für Jugendfürsorge, der Zentrale für private Fürsorge, einem Verein, welcher für Holz und Kohlen sorgt, anderen, welche Mittagessen und sonstige Lebensmittel liefern usw.

Auf die Führung eines geordneten Hausstandes und zumal auf Reinlichkeit, die doch auch bei größter Armut herrschen müßte und gerade in Trinkerhäusern meist viel zu wünschen übrig läßt, muß die Schwester immer wieder ihr besonderes Augenmerk richten. In besonders dringlichen Fällen helfen wir mit Stellung von Wasch= und Scheuerfrauen nach.

Der sittliche Zustand der Alkoholikerfamilien ist häufig ein traurig tiefer, so tief, wie er eben nur durch den Alkohol hervorgerufen wird. Trennung des trunksüchtigen Mannes von der Familie, Ehescheidung, Gefängnisstrafen für mancherlei Vergehen und Verbrechen, Betrügereien, die keine gerichtliche Ahndung suchten, Konkubinat=Verbindungen und viele andere Zeichen eines tiefen, sittlichen Verfalles, sind hier alltägliche Erscheinungen. Die Schwester lernt hier Bilder kennen, von deren Vorhandensein sie bisher nichts ahnte. Man muß sich wundern, daß aus solchen Kreisen ausnahmsweise noch leidlich gut erzogene Kinder heranwachsen. Wohin im allgemeinen der Weg dieser Kinder führt, braucht nicht beschrieben zu werden. Die Aufgaben der Schwester sind hier in manchen Fällen die von uns einzuleitende Bestellung eines Pflegers für solche überaus gefährdeten Kinder, ihre Entfernung aus der nicht den geringsten Halt bietenden Häuslichkeit. In anderen Fällen wirken glücklicherweise schon der Einfluß unserer Fürsorge mit den sich immer wiederholenden Besuchen unserer Schwester und unseres Fürsorgers und unsere fürsorgerischen Maßnahmen in gesundheitlicher und wirtschaftlicher Beziehung, die als Zeichen unserer regen Teilnahme für die

Unglücklichen zugleich auch in sittlicher Hinsicht ihre Wirkung nicht versagen. Religiöser Einfluß wird zu beschaffen gesucht. Der Verein gegen Mißhandlung und Ausnutzung der Kinder, die deutsche Zentrale für Jugendfürsorge und andere Stellen werden von uns herangezogen. Daß alle diese Bemühungen oft nur ein notdürftiges Stückwerk darstellen, so lange es nicht gelingt, den Alkohol dem Trunksüchtigen zu verleiden und Alkohol aus ihren Häusern zu bannen, ist leider nur zu zweifellos.

Nach diesen jeden Freund unseres Volkes mit einigem Bangen erfüllenden Schilderungen noch wenige skizzenhafte Worte aus den erfreulichen Erfahrungen unserer Fürsorge zur Aufrichtung.

Ein Postbeamter stand vor seiner Entlassung wegen Trunksucht. Er wurde nüchtern gemacht, seine Behörde setzte das Verfahren aus und heute gehört der Mann zu den zuverlässigsten und pflichtgetreuesten Beamten. Früher zerrüttete, heute glückliche Familienverhältnisse.

Ein Polizeibeamter wurde wegen Trunksucht seines Dienstes enthoben. Ohne Mittel zur Bestreitung des Haushalts schien sein völliger Untergang unabänderlich. Seine Ehefrau suchte die Fürsorgestelle auf. Dieser gelang es, den Mann nüchtern zu machen, und heute nimmt er eine geachtete Stellung im kaufmännischen Leben ein.

Als hoffnungslosen Fall mußten wir einen Arbeiter bezeichnen, der seit vielen Jahren fast seinen gesamten Arbeitsverdienst vertrank und der Schrecken seiner Familie war. Nachdem es gelungen war, ihn im Jahre 1911 nüchtern zu machen, ist er ein ordentlicher Mensch geworden.

Ein Schuldiener war trotz verschiedener Verweise und Bestrafungen seitens der Aufsichtsbehörde nicht von der Trunksucht abzubringen, so daß seine Amtsenthebung im öffentlichen Interesse geboten erschien. Die häuslichen Zustände waren fürchterliche. Er wurde durch uns im März 1912 nüchtern gemacht und vertrauenswürdig.

Solche Fälle ließen sich in großer Zahl berichten.

Die Vorhersage der Alkoholkrankheit ist ernst, doch nicht hoffnungslos. Das Eingreifen unserer Fürsorgestellen, insbesondere mit ihrem Fürsorger und ihrer Fürsorgeschwester, hat manch ein aufgegebenes Dasein, manche daniederliegende Familie wieder zu recht gebracht. Unsere Arbeit für unsere Volkswohlfahrt ist, zumal in unserer ernsten Zeit, unentbehrlich und unersetzlich geworden.

4. Schwierigkeiten.

Jeder Arbeit stellen sich ihr eigentümliche Schwierigkeiten in den Weg, ihre Beseitigung führt in der Regel einen Schritt vorwärts. Auch die Lungenkrankenfürsorge, wie sie in Berlin seit 12 Jahren von uns betrieben wird, hatte und hat mit Schwierigkeiten mannigfacher Art zu tun. Ihre Hebung verbrauchte zwar einerseits einen nicht unerheblichen Teil der Kraft, die für die unmittelbaren Aufgaben der Arbeit besser hätte locker gemacht werden können, andererseits diente sie dazu, schlummernde oder neue Kräfte nutzbringend wirksam zu machen. Indessen, die Hindernisse, welche der Lungenkranken-Fürsorge sich entgegenstellten, waren, wie es scheint, nicht so erhebliche oder doch nicht so vielseitige, als wie sie sich der Alkoholfürsorge in den Weg legten. Diese ist ein ebenso notwendiges wie wenigstens vorläufig noch ziemlich undankbares Arbeitsfeld. Es würde zu weit führen, wollten wir hier alle diejenigen Schwierigkeiten sämtlich erörtern, welche sich dieser unserer Fürsorgearbeit von verschiedenen Richtungen aus darboten. Es genügt, einige zur Zeit sich besonders aufdrängende kurz zu bezeichnen — zunächst die zeitlichen.

Der Krieg, der nunmehr seit 25 Monaten unsere Fürsorge aufs stärkste in Mitleidenschaft gezogen hat, hat den Kampf gegen unsere wie ja auch gegen andere Volkskrankheiten zeitweise in Frage gestellt. Die Personenfrage, die Frage, ob noch genügend Arbeiter für die vorliegenden Aufgaben zur Verfügung ständen, trat heran, sowohl was die Aerztebesetzung anbetraf, wie die möglicher Weise nicht aufrecht zu haltende Tätigkeit der Enthaltsamkeitsgruppen, ohne deren Mitwirkung der Kampf aussichtslos erschien. Dann aber auch wurde ein nicht geringer Bruchteil, wohl der 4. bis 5. Teil aller alkoholkranken Pflegebefohlenen im Laufe der Zeit zur Fahne einberufen. So erfreulich diese Tatsache ja einerseits war, daß unsere bisher mehr oder weniger brach liegenden Alkoholiker zu der nützlichsten Verwendung, die der Deutsche finden kann, dem Dienst fürs Vaterland, herangezogen wurden, so waren wir uns doch klar darüber, daß für viele unter ihnen mangels unserer Ueberwachung ihr Hang zunehmen würde, sie selbst nur eine Zeit lang den militärischen Ansprüchen genügen, und nach ihrer Rückkehr die Schwierigkeiten ihrer Bearbeitung durch uns vergrößert sein würden. Wir sagten uns, daß die Fühlung mit ihnen auch während ihrer Abwesenheit unbedingt, zum mindesten durch die Vermittelung unserer mit ihren Familien um so fester aufrecht zu haltenden Verbindung, bewahrt bleiben müsse. Dadurch ist es uns gelungen, manche unserer Schützlinge während eines Urlaubsaufenthaltes sei es zu besuchen, sei es in der Sprechstunde zu begrüßen, und uns zu unserer Freude in einzelnen — leider nicht in allen — Fällen, zu überzeugen, daß der Krieg die Leute zu ernsterer Lebensauffassung und zum Aufgeben ihrer Leidenschaft bekehrt hatte. Nicht unerwähnt bleibe die erfreuliche Feststellung, daß die durch den Krieg ungeheuer vermehrte Arbeitsmöglichkeit der Daheimgebliebenen so manchem unserer bisher arbeitsscheuen Alkoholiker die Hände wieder beweglich gemacht und mit dem eingeheimsten Arbeitsverdienst in ihm den Hang zum Alkohol zurückgebrängt hat.

Recht schwierig liegen unsere Aufgaben wegen der örtlichen Verhältnisse. Unsere Stadt Berlin ist von einem dicht besetzten Kranz von Vororten umgeben, die in der unmittelbarsten Verbindung mit Berlin stehen. Unsere Alkoholiker, geneigt, ihre Wohnung so häufig zu wechseln, wie dies nur bei dem Trinker vorkommmen kann — ziehen doch manche mindestens einmal in jedem Monat von einer Behausung in die andere —, pendeln von Vorort nach Berlin und umgekehrt, und wir haben große Mühe und Eile nötig, ihnen in jede neugewählte nachzufinden. Von Rechts wegen aber beschränkt sich unsere Arbeit auf Berlin. Manche größere, allerdings im ganzen nur wenige Vororte haben eigene Alkoholikerfürsorge, die aber wohl jetzt während des Krieges zum Teil nicht vollkommen klappt. Sollen wir jeden Umzugsfall der zuständigen Fürsorgestelle melden und warten, bis er uns wieder zurückgemeldet wird? Hunderte würden uns und jeder anderen Fürsorge dadurch aus den Fingern gehen. Wir sind der Meinung, daß, wenn schon die Lungenkranken-Fürsorge jede in den Händen der Gemeinde, also auch der Vorortgemeinde verbleiben mag, obwohl auch hierüber die Meinungen geteilt sein können, die Alkoholikerfürsorge sicherlich am besten einheitlich für Groß-Berlin gehandhabt werden muß. Die Kosten werden nicht größer, sondern kleiner, wenn sie als Zuschüsse für unsere Arbeit an unser Komitee seitens der einzelnen Gemeinden, als wenn sie als Unterhaltungskosten der eigenen Fürsorgestelle gezahlt werden, und der Erfolg der Arbeit wird durch die Einheitlichkeit besser gewährleistet.

Einige sachliche Schwierigkeiten mögen hier hervorgehoben werden, weil durch ihre Bekanntgabe vielleicht auswärtige Fürsorgestellen veranlaßt werden, zu berichten, in welcher Weise sie der einen oder der anderen Herr geworden sind, oder weil sachverständige Gelehrte, höhere zuständige Behörden oder Einrichtungen möglicher Weise dadurch bewogen werden, sich der Sache anzunehmen und die Klippen durch Gesetzesänderung, Verwaltungsbestimmungen oder ähnliches zu beseitigen.

Den von ihren Gatten um ihr Wirtschaftsgeld betrogenen Ehefrauen steht das Recht zu, ihren verdienenden und den Verdienst anderweitig verwendenden Gatten auf Wirtschaftsgeld zu verklagen. Die rechtliche Grundlage dieser Klage bildet der § 1357 des BGB. Das Gesetz gibt der Frau das Recht und die Pflicht, innerhalb ihres häuslichen Wirkungskreises die Geschäfte des Mannes für ihn zu besorgen und ihn zu vertreten. Insoweit hat die Frau gegenüber dem Manne die Stellung einer Beauftragten. Ein Beauftragter aber kann nach § 669 des BGB., wenn die Ausführung des Auftrages mit Aufwendungen verbunden ist, verlangen, daß ihm wegen der Aufwendungen Vorschuß geleistet werde, das heißt hier in diesem Falle: Die Frau kann im Wege der Klage das Haushaltungsgeld von ihrem Manne verlangen und einen Beschluß erwirken, der ihr das Recht gibt, den ihr zugesprochenen Teil des Lohnes selbst beim Arbeitgeber in Empfang zu nehmen. Die Gerichte sprechen denn auch, nachdem das Oberlandesgericht in Stettin auf diesem Gebiete vorangegangen ist (Urteil vom 8. Juli 1902,

Rechtsprechung des Oberlandesgerichts, Band 5, Seite 395ff) den Frauen diesen Anspruch in ständiger Entscheidung zu. Zur rascheren Regelung des Anspruches kann das Gericht auf Antrag der Frau auch eine einstweilige Verfügung gemäß § 940 der Zivilprozeßordnung erlassen. (Vergleiche die obige Entscheidung des Oberlandesgerichts Stettin). Die Frau braucht dann lediglich die Höhe des von ihrem Manne verdienten Lohnes und die Höhe des bisher von dem Manne tatsächlich abgegebenen Betrages glaubhaft zu machen.

Abgesehen davon, daß eine solche Klage das eheliche Einvernehmen nicht verbessert, welches meist ja schon auf einem Tiefpunkt angelangt ist, und daß zu solcher Klage schon auch aus diesem Grunde von der Fürsorgestelle ungern geraten wird, bleibt die nach erreichter gerichtlicher Möglichkeit meist nötige Zwangsvollstreckung bei den Arbeitgebern der Trinker oft dadurch hinfällig, daß der Trinker alsbald seine Arbeitsstelle wechselt, und für die Zwangsvollstreckung dann stets ein neuer Beschluß auf den neuen Arbeitgeber lautend erwirkt werden muß. Durch öfteren Wechsel der Arbeitsstelle weiß sich der Trinker seiner Pflicht auch trotz dieser gerichtlichen Verfolgung zu entziehen.

Das Gleiche gilt für den entmündigten Trinker.

Der § 120 der Reichsversicherungsordnung berechtigt auch die Krankenkassen ebenso wie die Landes-Versicherungsanstalten, dem arbeitsunfähig geschriebenen Trinker statt des Geldes Sachleistungen zu gewähren. Wir haben durch unsere Anträge die Landes-Versicherungsanstalt des öfteren dazu bewogen, für die Zahlung der Rente von der Befugnis zur Sachleistung Gebrauch zu machen. Eine große Berliner Krankenkasse, die im übrigen Gebrauch der Alkohol-Bekämpfung ihre besondere Aufmerksamkeit widmet, lehnte in einem vorliegenden Falle unsern Antrag mit der Begründung ab, „bei der gegenwärtig herrschenden Schwierigkeit, überhaupt Nahrungsmittel zu bekommen, scheine ihr wenig Aussicht, die Sache jetzt regeln zu können". Wir sind der Meinung, daß das Bedenken der Krankenkasse in irgend einer Form auch jetzt während des Krieges gehoben werden müsse, damit der mißbräuchlichen Verwendung des Krankengeldes zum Schaden des Kranken vorvorgebeugt werde.

Die Unterbringung von Trinkern in Heilstätten ist meist eine Angelegenheit, welche mit größter Beschleunigung, oft am besten am selben oder doch am nächsten Tage des Entschlusses des Kranken zu diesem Schritt ins Werk gesetzt werden muß. Denn die Stimmungen eines Trinkers sind häufig rasch wechselnde. Ist einmal die günstige Stimmung verpaßt, so kann man oft lange oder vergeblich warten, bis nach weiterer Verschlimmerung des Zustandes und weiteren Schädigungen von Gesundheit oder Eigentum aufs neue die Zustimmung des Kranken zu diesem Schritte zu erlangen ist. Wohl dem Kranken, wenn die Kurkosten für die Heilstätte von der Krankenkasse oder von ihm selbst oder sonst wie sicher gestellt sind. Dann läßt sich die Überführung vielleicht sofort erledigen. Aber wenn die Mittel nicht bereit sind, was dann? Die Verhandlungen der Landes-Versicherungsanstalt oder der Armen-Direktion über die Kostenübernahme dauern Wochen und deren Entscheidung ist ungewiß. Vielfach ist bis zum Ablauf dieser Frist der geeignete Zeitpunkt verpaßt und der Kranke weigert sich hartnäckig, sich der Kur zu unterziehen. Wiederum bleibt der sicher folgende Schaden für den Kranken und der nicht unwahrscheinliche für die bürgerliche Gesellschaft.

Oft werden uns von dem Polizei=Präsidenten schwer Trunksüchtige über=
wiesen, die vom Kreisarzt nicht als gemeingefährlich geisteskrank be=
zeichnet worden sind. Ihre schnelle Aufnahme in eine geeignete Anstalt
erscheint uns infolge ihres neuerlichen Verhaltens und Zustandes bringend geboten.
Schwere Auftritte sind zu befürchten. Die Irrenanstalt verweigert vorschrifts=
mäßig die Aufnahme ohne die nötigen Papiere. Wie läßt sich unter allen
Umständen hier durchgreifend und schnell vorgehen? Wir haben mit der
übernahme der Fürsorge für diese Kranken einen nicht geringen Teil der
Verantwortung für das Unheil übernommen, welches von ihnen verübt zu
werden droht, ohne daß wir in geeigneter Weise solchem Unheil rechtzeitig
vorzubeugen vermögen.

Unüberwindlichen Schwierigkeiten kann die erforderliche Unterbringung
entmündigter Trinker in Heilstätten unterliegen, selbst wenn die Kurkosten
flüssig sind, sobald die Kranken ihre Unterbringung verweigern.
Die Bestimmungen der §§ 8, 1897, 1800 B.G.B. — siehe Anmerkung —
geben zwar dem Vormund das Recht, den Entmündigten in einer Heil= also
auch Trinkeranstalt unterzubringen. Aber die Ausführung hapert. Unser
Mitarbeiter ist Sammelvormund für Trinker, unter anderem auch für solche,
deren Unterbringung in einer Trinkerheilanstalt im Hinblick auf sie und ihre
Familie geboten erscheint. Da die Entmündigten seinen Anweisungen nicht
entsprachen, so wandte er sich — in diesem Falle handelte es sich um eine
etwa 30jährige, aus guter Familie stammende Trinkerin — an die Polizei=
behörde um Hilfe, bezw. Unterstützung bei der Ueberführung der Kranken in
die Heilanstalt. Die Behörde lehnte ab, weil ihr zu einem derartigen Vor=
gehen eine gesetzliche Handhabe fehle. Auch die auf Antrag des Vor=
mundes von dem Vormundschaftsgericht versuchte Vermittelung hatte nicht
Erfolg.

Hier ist also eine Lücke in den gesetzlichen Bestimmungen. Zu er=
wägen ist, ob ihre Beseitigung ohne Gesetzesänderung erfolgen kann, wenn
die Polizeibehörde einen heute bereits in weiten Kreisen herrschenden Grund=
satz zu dem ihrigen macht: Die Bekämpfung der Trunksucht ist eine Unter=

Anmerkung:

§ 8 B.G.B.: Wer geschäftsunfähig oder
in der Geschäftsfähigkeit beschränkt ist,
kann ohne den Willen seines gesetzlichen
Vertreters einen Wohnsitz weder begründen
noch aufheben.

§ 1897 B.G.B.: Auf die Vormundschaft
über einen Volljährigen finden die für die
Vormundschaft über einen Minderjährigen
geltenden Vorschriften Anwendung, so=
weit sich nicht aus den §§ 1898 bis 1908
ein Anderes ergibt.

§ 1800 B.G.B.: Das Recht und die Pflicht
des Vormundes, für die Person des
Mündels zu sorgen, bestimmt sich nach
den für die elterliche Gewalt geltenden
Vorschriften der §§ 1631 bis 1633.

nehmung für das öffentliche Wohl und folgerichtlich auch die wirksame Unterstützung der Maßnahmen, die eine Gesundung der einzelnen Trinker herbeizuführen geeignet und von dem gesetzlichen Vertreter des Entmündigten angeordnet sind. Dies dürfte vor der Hand der einzig gangbare Weg sein. Denn es erscheint fraglich, ob § 1631 B.G.B. — siehe Anmerkung — auf entmündigte Volljährige Anwendung finden kann.

Ein wunder Punkt ist die Einziehung des Arbeitsverdienstes der Entmündigten bei dem Arbeitgeber, wenn dieser wenig oder keine Einsicht in die gesellschaftliche Lage besitzt. In einem Falle zahlte ein Steinsetzmeister den Lohn an den Entmündigten trotz wiederholten Einspruches, ja selbst trotz der Anwesenheit des Vormundes auf der Baustelle. Der Vormund bat infolgedessen das Vormundschaftsgericht um ein Armutszeugnis zur Anstellung der Klage gegen den Arbeitgeber und erhielt dasselbe, jedoch mit dem Bemerken, daß eine Gefährdung der Stellung des Mündels vermieden werden solle. Zweifellos wird ein verständiger Vormund jede Gefährdung der Unterhaltsbedingungen seines Mündels vermeiden. Aber gerade Trinker werden die Entmündigung als eine lächerliche Sache gering schätzen, wenn irgend ein Zwang überhaupt nicht auszuüben ist. Soll dieser doch letzten Endes dazu dienen, den Trinker zur Nüchternheit zu erziehen.

Das sogenannte Arbeitsscheuengesetz so auszubauen, daß Trinker darunter fallen, die bei Beschlagnahme ihres Arbeitsverdienstes die Arbeit aufgeben, muß dringend gewünscht werden.

Gesetz und Ausführung lassen in der Trunksuchtsfrage noch Lücken übrig und Wünsche unerfüllt, die befriedigt werden, sobald der genügende Grad von Verständnis für diese ernste Angelegenheit des allgemeinen Wohles sich in allen Kreisen unseres Volkes durchgerungen haben wird. Dies muß erstrebt werden.

Anmerkung:

§ 1631 B.G.B.: Die Sorge für die Person des Kindes umfaßt das Recht und die Pflicht, das Kind zu erziehen, zu beaufsichtigen und seinen Aufenthalt zu bestimmen.

Der Vater kann kraft des Erziehungsrechts angemessene Zuchtmittel gegen das Kind anwenden. Auf seinen Antrag hat das Vormundschaftsgericht ihn durch Anwendung geeigneter Zuchtmittel zu unterstützen.

5. Anhang:

Mitglieder des Zentralkomitees der Auskunfts- und Fürsorgestellen für Lungenkranke, Alkoholkranke und Krebskranke in Berlin e. V.

Vorsitzender: Geheimrat Pütter, Kgl. Charitee, Schumannstr. 21

Dr. Abel, Geheimer Ober-Medizinalrat, Professor an der Universität	Jena
Dr. Alexander, Geheimer Sanitätsrat	W. 62, Schillstr. 11.
Dr. von Behr-Pinnow, Kammerherr	W. 15, Sächsische Str. 6.
Dr. Ferd. Blumenthal, Professor	W. 35, Karlsbad 26.
Dr. Bonhoefer, Professor Geheimer Medizinalrat	NW. 23, Brückenallee 5.
Brugger, Geheimer Ober-Regierungsrat im Kultusministerium	Charlottenburg, Reichskanzlerplatz 4.
Doflein, Stadtrat und Vorsitzender der Armendirektion	NW. 52, Calvinstr. 32.
Dyrenfurth, Kommerzienrat	NW. 40, Alsenstr. 7.
Dr. Finger, Geheimer Ober-Medizinalrat im Ministerium des Innern	W. 30, Barbarossaplatz 4.
Fischbeck, Stadtrat	W. 62, Burggrafenstr. 4.
Dr. Gottstein, Geheimer Sanitätsrat und Stadtrat	Charlottenburg, Hölderlinstraße 11.
Dr. Grotjahn, Professor, Stadtmedizinalamt	C. 2, Fischerstr.
Dr. Hesse, Sanitätsrat	Charlottenburg, Havelstraße 4, 3 Tr.
Hinsch, Geheimer Rechnungsrat	NW. 7, Unter den Linden 72-73.

Dr. Isaac, Stadtverordneter	O.27, Alexanderstr. 22.
Just, Ministerialdirektor a. D.	W.35, Schöneberger Ufer 24.
Dr. Kahl, Geheimer Justizrat, Professor . .	Wilmersdorf, Kaiser-Allee 23.
Dr. Kirchner, Ministerialdirektor, Professor .	W.30, Landshuterstr. 35.
A. Kohn, Direktor der Allgemeinen Orts-Krankenkasse Berlin	C.2, Klosterstr. 71-72.
Dr. Kraus, Geheimer Medizinalrat, Professor .	NW.23, Brückenallee 7.
Dr. Laporte, Direktor des städtischen Wohnungsamtes	NW.87, Hansaufer 4.
Dr. Lehmann, Regierungsrat	W.15, Sächsische Str. 10.
Dr. Lentz, Professor, Geheimer Regierungsrat im Ministerium des Innern . . .	Dahlem, Böttcherstr. 14.
Dr. Lindenau, Regierungsrat	Wilmersdorf, Landhausstraße 50-51.
Dr. Mann, Stadtrat, Neukölln	S.53, Hasenhaide 73.
v. Mendelssohn-Bartholdy, General-Konsul	W.8, Wilhelmstr. 67a.
Dr. Nesemann, Regierungsrat a. D., Geheimer Medizinalrat	W.62, Bayreuther Str. 32.
Dr. Orth, Geheimer Medizinalrat, Professor .	Grunewald, Humboldstraße 16.
Dr. Pannwitz, Geheimer Sanitätsrat, Professor	Hohenlychen.
Dr. Pinkuß, Professor	W.62, Kleiststr. 2.
Dr. Rabnow, Sanitätsrat und Stadtrat . .	Schöneberg, Mühlenstr. 6a.
Dr. Ritter, Professor	SW.11, Königgrätzer Straße 94.
P. Schultze, Oberpostsekretär	Neukölln, Berliner Str. 74.
Dr. Schwalbe, Geheimer Sanitätsrat, Prof.	Charlottenburg, Schlüterstraße 53.
Dr. Silbergleit, Professor	W.62, Landgrafenstr. 11.
Simanowski, Vorsitzender der Zentralkommission der Krankenkassen	N.39, Liesenstr. 18.
Steinborn, Stadtrat	Wilmersdorf, Kaiser-Allee 23.

Dr. Straßmann, Geheimer Medizinalrat, Stadtrat . . . . NW. 23, Siegmunds-
hof 18.
Thon, Generaldirektor der Lebens-Versicherungs-
gesellschaft „Viktoria" . . . . . . SW. 68, Lindenstr. 20-25.
Dr. Venn, Professor . . . . W15, Kurfürstendamm 205
Dr. Weber, Geh. Medizinalrat, Stadt-
Medizinalrat . . . . SW 29 Belle-Alliancest. 39
Dr. Wolff, Geh. Medizinalrat, Professor . . W 35, Potsdamerstr. 121 E

MIX
Papier aus verantwortungsvollen Quellen
Paper from responsible sources
FSC® C105338

If you have any concerns about our products,
you can contact us on
ProductSafety@springernature.com

In case Publisher is established outside the EU,
the EU authorized representative is:
**Springer Nature Customer Service Center GmbH
Europaplatz 3, 69115 Heidelberg, Germany**

Printed by Libri Plureos GmbH
in Hamburg, Germany